JN069187

中学校
創作脚本集
2022

中学校創作脚本集2022編集委員会 編

晩成書房

『中学校創作脚本集　２０２２』の発刊にあたって

中学校演劇の歴史に新たな1ページを切り拓く創作作品が今、次々と生まれている。

中学校創作脚本集・編集委員会
山下秀光
大沢　清

中学校演劇を愛する全国のみなさん。

今、ここに新しいシリーズの第5作目である「中学校創作脚本集　２０２２」が発刊できたこと、まず何よりうれしく思っています。今回この作品集には中学生のみなさんが書かれた作品や、顧問の先生による作品など、昨年から今年にかけて全国で上演され話題となった最も新しい11作品が収録されています。執筆されたみなさんをはじめ、この創作脚本集の出版にご協力いただいた多くのみなさまに編集委員会を代表して心よりお礼を申し上げます。

みなさん。

私たちは先に２００９年より10年にわたって「最新中学校創作脚本集」を刊行してまいりました。このシリーズでは、その年度の最も新しい創作作品を60編以上収録し、全国の多くのみなさまに好評をいただきました。そして、この10年間中学校演劇の活動に熱気と創作の風を巻き起こしてきました。中学生をとりまくさまざまな問題を深く掘り下げ、その中で強く生き抜こうとする彼らの姿をいきいきと描いた顧問の先生方の最新の作品がありました。また、特に注目したいのは、今を生きる中学生のみなさん自身の手によって書き上げ、その後演劇部のみなさんの討論の中で練りあげられ上演されて1編の作品が生み出されてきたということです。中学生のみなさんの新鮮な、中学生のみなさんでしか表現できない感性ゆたかな作品が全国各地の中学校から生まれてきているのです。これらの流れは今、ひとつの大きなうねりとなって中学校演劇の歴史に新しい1ページを切り拓くエネルギーとなっています。

全国のみなさん。
私たちは、新型コロナウイルスの感染拡大という、未だかつて経験したことのない事態に襲われ、2年半が過ぎようとしています。
この事態の中で私たちの演劇部の活動も大きな影響を受けました。休校のあと学校は再開されましたが部活動は活動時間や活動内容に大幅な制限が課せられるようになりました。そしてそれらは、今も全国で続いています。

そんな中、「演劇の活動をつづけたい」「ぜひ発表したい」という子どもたちの熱い声に応えて全国の先生方は知恵と工夫を出し合い、無観客ではありますが地区発表会を開催したり、東京や神奈川では都大会や県大会などを実施してきました。それらの活動を受けて今年3月の関東大会は、リハーサルにつづき本番の発表という新しい流れをつくりながら、コンクールを開催してきました。

さらに今年の8月には全国中学校総合文化祭の北九州大会の開催が準備されていると、きいています。あの東日本大震災から10年。かつてない自然災害を乗り越え、復興と新たな文化の創造が、地域の人々を励まし元気づけてきた岩手大会につづいて、北九州でも〝文化の持つ大きな力〟が人々の心にしっかり届き、コロナ禍で勇気と生きる力を与えてくれようとしています。

こうして新型コロナ感染という状況の中ではありますが、私たちの持っている文化や演劇の力はその困難を乗り越えて、再びいきいきした活動を生み出しているのです。

みなさんの待ち望んでいる、中学校演劇の全国大会が開かれるとしたら、あの高校演劇の全国大会のようにそれは中学校演劇の創作作品による全国大会しかありません。私たちはその日が一日も早くやってくることを強く願っています。その意味でも私たちはこのシリーズを発刊しつづけてきたのです。

中学校演劇を愛する全国のみなさん。

この新シリーズである「中学校創作脚本集」への絶大なご支援を心よりお願い申し上げます。そして中学校演劇活動、中学校創作劇の運動をより一層大きく全国に広げていこうではありませんか。その中から全国の中学生のみなさんや、さらには顧問の先生方による新鮮でエネルギーに満ちた創作作品が生みだされ、優れた作品を私たち編集委員会に届けてくださることを、心より願っています。

この企画「中学校創作脚本集」へのさまざまなアドバイスをいただき、その上で出版を快く引き受けてくださった晩成書房の水野久社長、関係者のみなさまに心からお礼を申し上げて、発刊のごあいさつとさせていただきます。

２０２２年６月

もくじ

ゲキを止めるな！ヒーロー編

斉藤俊雄

登場人物

ブラック　本間賢太郎
ホワイト　雨宮 雫
グラスホッパー　青井 諒
バタフライ　桃山桃花
ビートル　葉山みどり
バリウム　山本大輔
ナトリウム　秋元達也
カルシウム　東田浩介
撮影担当　手島梨花
撮影担当　福田 凛
音響担当　島田 舞
音響担当　七瀬真琴
ローズマリー　古川里美
ペパーミント　郷原千秋
チコリー　北沢みなみ
ルッコラ　坂本奈々
ズッキーニ　森泉圭吾
田島先生
観客席の生徒たち

初演校
久喜市太東中学校
初演日
２０２２年12月26日

久喜市立太東中学校、2022年3月26日、太東中学校オープンスペース、リハーサル。

☆プロローグ

幕が上がると、そこは「ゲキを止めるな！」というゲキの舞台。

そのゲキを上演しているのは七つ森中学校演劇部。上演場所は公民館のステージである。

地区大会が映像での審査となったため、上演ゲキのビデオ撮影をしている。

舞台上手袖幕横には音響卓が設置され、その上にＣＤラジカセが置かれている。それはあえて客席から見える位置に設置されている。

客席通路の上手側にビデオカメラが置かれ、そこからゲキを撮影している。

舞台上には「ゲキを止めるな！」の主人公・ブラック（本間賢太郎）とホワイト（雨宮雫）が立っている。２人は兄妹で、七つ森学園演劇部員という役柄である。

その両脇には、天使・ローズマリー（古川里美）とペパーミント（郷原千秋）が客席に背中を向けて立ち、ブラックとホワイトを見つめている。

ブラックとホワイトが二重唱で「花は咲く」のサビを歌い始める。

実は、この歌声にはある秘密があるが、それは後で明らかになる。

ブラック・ホワイト
♪花は　花は　花は咲く
いつか生まれる君に
花は　花は　花は咲く（フェルマータ）♪

「やめろ」という声とともに、ナトリウムとカルシウムが現れる。

ホワイト　なぜ歌を止めるの？

☆もう一つのプロローグ

その時、客席通路上手側から「ストップ」という声が聞こえてくる。

演劇部員が袖から出てくる。

里美　梨花、なんでゲキ止めたんや。
梨花　ビデオカメラのバッテリーが切れました！
里美　撮影できへんのか？
梨花　替えのバッテリーならあります……
里美　よかった。それやったら、それ使って続きを撮った後、映像を編集するしかないな。
梨花　大会に提出する映像、編集してもいいんですか？
里美　大会要項に「映像の編集を認めます」って書いてある。梨花、バッテリー交換して撮影続けるで。
梨花　はい。

舞　古川先輩？
里美　何？
舞　ＣＤラジカセの調子が良くないんです。
真琴　（ＣＤラジカセを叩いて）叩くと動くんですけど、ちゃんと音が出るかどうか心配で。
里美　確かに心配やな。この公民館が使えるのは後50分。（全員に）みんなええか。これが大会に提出する映像を撮影する最後のチャンス、撮り直す時間はあらへん。もしＣＤラジカセの音が出なくても、何とかごまかしてゲキを続けるしかない。合言葉は。
みんな　ゲキを止めるな！
梨花　撮影準備できました。
里美　ほんなら、ナトリウムとカルシウムの「やめろ」から撮影するで。

舞台上にブラック（賢太郎）とホワイト（雫）、ローズマリー（里美）とペパーミント（千秋）が残る。
ナトリウムとカルシウムが舞台両袖に立つ。

里美　撮影、スタート。

☆「ラストシーン」という名のファーストシーン

ナトリウム・カルシウム　やめろ！
ホワイト　なぜ歌を止めるの？
ナトリウム　歌は世界に災いをもたらす。だから止めたんだ。
カルシウム　その災いをまき散らしている演劇部は、今日で廃部だ。
ブラック　歌を歌うっていけないことなの？
ナトリウム・カルシウム　当たり前だ。
ナトリウム　さあ、
ナトリウム・カルシウム　俺達と一緒に来るんだ。

ナトリウムとカルシウムがブラックとホワイトに触れようとした瞬間、「待て」という声が響き渡る。
特撮ヒーロー・インセクトマンのグラスホッパー（青井諒）、バタフライ（桃山桃花）、ビートル（葉山みどり）が登場し、ブラックとホワイトを守る。

グラスホッパー　この学園の平和は俺達ヒーロー
三人　三人が守る。
バタフライ　平和を愛する
ビートル　俺達のことは、
三人　誰にも止められない。
グラスホッパー　ミュージック
三人　スタート！

「どうにもとまらない」ＩＮ
曲に乗ってヒーローとナトリウム＆カルシウムの戦いが繰

り広げられる。
ナトリウムとカルシウムがヒーローたちに倒される。
バリウムが登場する。

バリウム　それで勝ったと思うな。戦いはこれからだ。

バタフライとビートルがバリウムに戦いを挑むがバリウムが放つ光線に倒される。
グラスホッパーとバリウムが戦う。
最終的にグラスホッパーはバリウムが放つ光線に倒される。
グラスホッパーが倒されたところで「どうにもとまらない」フェイドアウト。
ナトリウムとカルシウムが苦しみながら立ち上がる。

バリウム　グラスホッパー、私はお前の正体を知っている。
グラスホッパー　なんだと。
バリウム　そのマスクの下にある顔、それは生徒会長・青井諒。
グラスホッパー　お前はいったい……
バリウム　私は、学園理事長の長男、バリウム。青井諒、君が生徒会長でいられるのも今日が最後。この先は私・バリウムが生徒会長となる。学園の平和は私が守る。
グラスホッパー　そうはさせない。

グラスホッパーがバリウムに飛びかかるが、バリウムの放つ光線に再び倒される。

ブラック・ホワイト　グラスホッパー！

ローズマリーとペパーミントがブラックとホワイトに近づく。

ローズマリー　ブラック。
ペパーミント　ホワイト。
ローズマリー　私達の声が聞こえる。
ブラック・ホワイト　誰？
ローズマリー　私はローズマリー。
ペパーミント　私はペパーミント。
ローズマリー　私達は
ローズマリー・ペパーミント　天使よ。
ブラック・ホワイト　天使？
ローズマリー　私達の声に耳を傾けて。
ペパーミント　バリウムと戦えるのは、
ローズマリー・ペパーミント　あなた達しかいない。
ブラック　僕達がどうやってバリウムと戦うの？
ローズマリー　歌声を響かせるの。
ペパーミント　歌でバリウムを倒すの。
ブラック　……ホワイト、歌おう。
ホワイト　……
ブラック　僕らの歌で、バリウムを倒そう。
ホワイト　（うなずく）

ブラック・ホワイト
♪花は　花は　花は咲く
いつか生まれる君に♪
ナトリウム・カルシウム　うっ……（苦しむ）
ブラック・ホワイト
♪花は　花は　花は咲く（フェルマータ）

この歌声にも秘密があるが、それも後で明らかになる。
ナトリウムとカルシウムが呻き声を発して倒れる。
その瞬間バリウムが手を挙げる。
舞がCDラジカセのスイッチを押すが音が出ない。
音響の真琴がCDラジカセを叩くと同時に、雷鳴が轟く。

バリウム　（笑い声）そんな歌声ではこの私を倒すことはできない。なぜかって、それは（ここから録音した悪魔の声が流れる。悪魔の声を担当したのは青井。）それは、私が悪魔だからさ。私は、バリウムの体を支配しているのだ。今学校は逆境の中に置かれている。学校の中で逆境に苦しんでいる人を助けるのは天使か？　いや、そうではない。それは悪魔。悪魔がこの世界に平和をもたらすのだ。
ホワイト　天使さん、私達に力を貸してください。
ブラック　天使の力を貸してください。
ローズマリー　あなた方に力を授けるわ。
ペパーミント　悪魔と戦うことができる魔法の力。
ローズマリー・ペパーミント　天使の歌声を。

ペパーミントとローズマリーが手を挙げる。
舞がCDラジカセのスイッチを押すが音が出ない。
真琴がCDラジカセを叩くと同時に、キラキラ輝く響きが流れる。

ブラック　ホワイト、もう一度歌おう。
ホワイト　……
ブラック　僕らの歌で、この世界に花を咲かせよう。
ホワイト　（うなずく）
ブラック・ホワイト
♪（二重唱で）花は　花は　花は咲く
いつか生まれる君に♪

ナトリウムとカルシウムが苦しむ。

ナトリウム・カルシウム　うっ……
バリウム　なんだ、この歌声は……

そう言ってバリウムも苦しみだす。

ブラック・ホワイト
♪花は　花は　花は咲く（フェルマータ）♪

バリウム、ナトリウム、カルシウムがひざまずく。

ブラック・ホワイト
♪いつか恋する君のために**♪**

バリウム・ナトリウム・カルシウム　うおー！！！

バリウム、ナトリウム、カルシウムが倒れる。
この歌声にも秘密があるが、それは後で明らかになる。

☆天使

ズッキーニ　ストップ！

ずっと黙ってゲキを観ていた天使・ズッキーニが突然手を伸ばしててリモコンのストップボタンを押す。同じくずっと黙ってゲキを観ていた天使のチコリーとルッコラが動き出す。

ズッキーニ　ひどい、ひどすぎる。こんなゲキに付き合うのは時間の無駄だ。私は帰る。

ルッコラ　待って！

チコリー　ズッキーニ、なんでゲキを止めたの？

ズッキーニ　チコリー、私を騙せるとでも思ってるのか。

チコリー　騙す？

ズッキーニ　お前達、大天使と呼ばれる私に対して、いったい何を企んでいる。

ルッコラ　何も企んでなんかいないわ。

ズッキーニ　ルッコラ、それなら映像で再確認させてもらおう。さすが天使界の幻想四次元映像、人間界には存在しない素晴らしい映像だ。まるでこいつらが、本当にここにいるような実在感がある。さて、それでは最後の歌のシーンまで巻き戻すとしよう。

ズッキーニがリモコンを操作すると、幻想四次元映像は、ブラックとホワイトが歌う直前のシーンに巻き戻っていく。

ズッキーニ　ブラックとホワイト、そして天使以外は画面から消えてもらう。

ズッキーニがリモコンを操作すると、ホワイトとブラックと天使以外の登場人物が舞台から去っていく。

ズッキーニ　（ローズマリーとペパーミントを指して）そして、歌の途中で天使の二人を１８０度回転させてみよう。

ズッキーニがリモコンのスタートボタンを押す。

ブラック・ホワイト
♪（二重唱で）花は　花は　花は咲く**♪**（ペパーミント

が180度回転して前を向く）
♪いつか生まれる君に♪（ローズマリーが180度回転して前を向く）

ズッキーニがリモコンのストップボタンを押す。

ズッキーニ　歌っているのは誰かな？
チコリー・ルッコラ　……
ズッキーニ　最後に、天使に画面から消えてもらう。

ズッキーニがリモコンのスタートボタンを押す。

ブラック・ホワイト
♪花は　花は　花は咲く（フェルマータ）♪
口パクで（いつか恋する君のために）

ズッキーニがリモコンを操作すると、歌の途中でローズマリーとペパーミントが両袖に歩いていき、舞台からいなくなる。
ブラックとホワイトの歌は、途中から口パクのみの表現となる。
ズッキーニがリモコンのストップボタンを押す。

ズッキーニ　これはどういうことだ。
チコリー・ルッコラ　……
ズッキーニ　この二人がやってることは口パクだ。実際歌っていたのは天使役の二人。歌で悪魔を倒すだと。笑わせるな。口パクで悪魔が倒せるわけがない。情けない。情けなさすぎる。こんな情けないゲキは私の手で止めてやる。
チコリー・ルッコラ　待って！

ルッコラがズッキーニを止める。

チコリー　（台本をズッキーニに差し出して）この台本。
ズッキーニ　（台本を手に取って）この台本がどうかしたのか。
チコリー　私達が初めて書いた台本なの。
ズッキーニ　「花は咲く〜天使が語る物語〜」。
チコリー　私達、これをオンラインで公開したの。
ルッコラ　それを最初に上演台本として選んでくれたのがこの二人なの。
チコリー　残念なことに、二人が上演した「花は咲く」は、止まってしまったわ。
ルッコラ　でも、止まったことで、もっと大きな力で動き始めたの。
ズッキーニ　なぜ止まった。なぜ再び動き出した。
チコリー　知りたくなった？
ルッコラ　それじゃ、「花は咲く」が止まったあの日のあの時を見せるわね。

ルッコラがリモコンを操作すると、舞台は文化祭のステージ発表の場となる。
舞台奥に制服を着た生徒達が丸椅子を持って登場し、座る。
その前に賢太郎と雫が劇を上演するために現れ、静止する。

☆「花は咲く」

ルッコラ　あれは、七つ森学園の文化祭でのこと。
チコリー　「花は咲く」はステージ発表の部で上演されたの。

ルッコラがリモコンのスタートボタンを押すと、賢太郎（ブラック）と雫（ホワイト）が動き出す。

ブラック　……ホワイト、歌おう。
ホワイト　……
ブラック　僕らの歌で、この世界に花を咲かせよう。
生徒1　よっ、ベストカップル。

その声に観客が笑う。

ルッコラ　そんなヤジにも負けずに二人は歌い始めたの。
ブラック・ホワイト
♪真っ白な　雪道に　春風香る♪
生徒2　もっと近づけよ。
ブラック・ホワイト
♪わたしは　なつかしい　あの街を　思い出す♪
生徒1　ほら、手をつないで。

その声に観客が笑う。
その生徒たちに向かって郷原千秋が立ち上がって、叫ぶ。

千秋　やめろ！

一瞬の沈黙。

生徒1　（少しして）やめろ！
生徒2　やめろ！
観客全体　やめろ！　やめろ！　やめろ！　やめろ！

ルッコラがリモコンのストップボタンを押すと同時に全員が動きを止める。

ルッコラ　体育館は「やめろ」の大合唱となったの。

ルッコラがリモコンのスタートボタンを押すと同時に全体が動き出す。

観客全体　やめろ！　やめろ！　やめろ！　やめろ！

千秋　やめろ！　やめろー！

ルッコラがリモコンのストップボタンを押すと同時に全員が動きを止める。

ルッコラ　賢太郎と雫の精神は限界を迎えた、そして……

ルッコラがリモコンのスタートボタンを押すと同時に全体が動き出す。

雫　だめ……私、もうだめ……

そう言って、雫が舞台から逃げ出す。

賢太郎　雨宮さん、待って。

賢太郎が雫を追って走っていく。
観客席が笑い声と拍手に包まれる。
ルッコラがリモコンのストップボタンを押すと同時に全員が動きを止める。

ルッコラ　ゲキは止まってしまったの。

チコリー　花は咲かずに枯れたの。

ズッキーニ　最初に「やめろ」って叫んだこいつ、天使役でゲキに出ていたな。

チコリー　さすがズッキーニ。素晴らしい観察眼ね。

ルッコラ　そのわけが知りたかったら、次の映像を見てよ。

ルッコラがリモコンを操作すると、場面は相談室になる。

☆相談室

ルッコラ　ここは相談室。

チコリー　「やめろ」って最初に叫んだ郷原千秋は、先生に呼び出されたの。

ズッキーニ　まあ、当然だろうな。

郷原千秋と田島先生が相談室の中に入り、舞台中央で静止する。
ルッコラがスタートボタンを押すと二人が動き出す。

田島先生　郷原さん、さっきのゲキであなたがしたこと、やってよかったって思ってる？

千秋　そんなこと思うわけないじゃないですか。

田島先生　それ聞いて安心した。郷原さん、やってしまったことは仕方がない。でも、謝るべきなんじゃない。

千秋　……わかりました。

田島先生　よかった。わかってくれたんだ。
千秋　勘違いしないでください。私がわかったのは、田島先生が私のこと全然わかっていないことです。
田島先生　……
千秋　でも、安心してください。私、演劇部の二人にはちゃんと謝りますから。

田島先生は憮然として相談室から出て、下手に向かって歩いていく。
山本大輔と葉山みどりが下手から現れる。
田島先生が二人の前を通り過ぎる。
山本と葉山は田島先生に「こんにちは」とあいさつをするが、田島先生は挨拶を返さず怒って二人の前を通り過ぎる。
千秋が相談室から出てくる。

山本　（指をさして）あそこ、郷原だ。
みどり　郷原、小学生の時、演劇部の賢太郎のことといじめてたらしいよ。
山本　それで、「やめろ」って叫んで、ゲキを止めたのか。

チコリーが山本とみどりを指して。

チコリー　この二人は生徒会役員。
ズッキーニ　（山本とみどりを指して）そいつらもゲキに出ていたな。
チコリー　この後、現実の世界でヒーローのドラマが始まるの。
ルッコラ　ドラマの舞台は生徒会室。

ルッコラがリモコンを操作すると、舞台は生徒会室になる。

☆生徒会室

舞台中央で生徒会長・青井諒と生徒会役員・桃山桃花が話をしている。
そこに生徒会副会長の山本大輔と生徒会役員の葉山みどりが入ってくる。

山本　どうしたんだ。二人とも深刻そうな顔して。
青井　さっきの劇のこと考えてたんだ。
山本　あー、ひどかったな、あの劇。
青井　ひどかったの、俺達じゃないか。
山本　俺達？　なんでだよ。
青井　あれ、いじめだよな。
山本　いじめとはちょっと違うんじゃねーか。
青井　俺が何で生徒会長になったかわかるか？
山本　学園の平和を守るため、なんて特撮ヒーローみたいなこと言うんじゃねーだろうな。
青井　……学園の平和を守るためだよ。

山本 マジ？ マジで言ってる？
青井 大ちゃんは何で副会長になったんだよ。
山本 理由……それはお前が会長に立候補したからだよ。
桃花 あー、諒と大輔って、小学校の頃から、ずっと一緒に遊んでたよね。
青井 よくやったな、特撮ヒーローごっこ。
山本 あー。諒が特撮ヒーロー・グラスホッパーで、俺が悪の帝王・アメンボ星人レッド。
みどり 特撮ヒーロー・インセクトマン、私も見てたよ。私はビートル推しだった。
桃花 私の推しは、バタフライ。ママに、女の子がこんなの見るんじゃありませんって怒られるくらい好きだったけど。いつのまにか卒業してた。
みどり 中学になれば卒業するよね。普通。
山本 するする。（桃花はうなずく）
青井 そういうもんか。
みどり そういうもんなんじゃない。
青井 ……俺、まだ卒業してないんだ。
山本 マジ！
青井 たぶん、この先もずーっと卒業しないと思う。
山本 マジー!!
青井 そんなに変人扱いするなよ。
山本 いや、そうじゃない。実は俺も卒業してないんだー。
青井・桃花・みどり えー！
山本 だから嬉しくって。
青井 大ちゃん、なんで今まで言ってくれなかったんだよ。
山本 言うと、馬鹿にされるんじゃないかって思って……

突然、青井と山本が抱き合う。

みどり なにこれ。これがうちの学校の生徒会長と副会長なわけ。
桃花 まーいいんじゃない。
青井 久しぶりにやるか。ヒーローごっこ。
山本 小学校以来だな。

青井と山本がヒーローごっこを始める。
最初はスローモーションで、動きを確かめながら戦うが、加速度的にスピードが増していき、最後は本当の戦闘シーンのようになる。
二人はヒーローごっこをやめる。

青井 もし俺がヒーローだったら、あの時、みんなを止めてた。そして、ゲキを続けさせた。でも……
みどり あれ止めるの無理だったんじゃない。
青井 「無理という言葉を疑え！ 無理なのか？ 本当に無理なのか？」
みどり ……
青井 特撮ヒーロー・グラスホッパーの台詞。
みどり 先生だって何もできなかったじゃん。
山本 さっき、田島が郷原のこと相談室に呼んでたぜ。
桃花 郷原さん、呼び出されて当然なんじゃない。あー、そういえば、演劇部って来年なくなるみたいだね。この前とじ込み手伝った新入生説明会の部活紹介に、演劇部の名前なかったんだ。

山本　まー、あれじゃ仕方ないだろ。

青井　どうして。

山本　あのゲキじゃ……

青井　俺見たんだよ、中庭であの二人が練習してるの。

山本　……

青井　歌、すごくうまかったんだ。

山本　マジ。

青井が生徒会室を出ていこうとする。

山本　どうしたんだよ。

青井　「無理なのか？　本当に無理なのか？」

山本　郷原と戦うのか。あいつ、アメンボ星人レッドより手ごわいぞ。

青井は生徒会室を出ていく。

山本　おい、ちょっと、ちょっと待てよ。

☆演劇部部室

ルッコラがリモコンを操作すると、画面は演劇部部室になる。

ルッコラ　ここは、演劇部の部室。

ズッキーニ　ここで、戦いの幕が切って落とされるというわけだ。

演劇部部室中央で本間賢太郎がぼんやり立っている。
青井が部室に入ってくる。
続いて山本も部室に入ってくる。

賢太郎　会長……

青井　さっきのゲキのことで、話がしたくて。ごめん。会長なのに何もできなかった。それで演劇部の発表、やり直すことできないかなって。

賢太郎　僕、学校では二度と発表したくない。

青井　そっか。で、これからどうするんだ。

賢太郎　一か月後に、地区大会があるんだけど、出るのは無理かな。雨宮さん、二度と舞台に立たないって言ってるんだ。あれが僕の最後の舞台になっちゃうのかな。

青井　最後？

賢太郎　演劇部は来年から新入生を募集しないって先生から言われてたんだ。それって廃部になるってことだよね。

青井　それでいいのか？

賢太郎　……

そこに郷原千秋が入ってくる。

千秋　ちょっと待って、賢太郎との話が終わってからにして。
青井　ちょっと話したいことがあるんだ。俺……
千秋　……
青井　……
千秋　賢太郎……私……
賢太郎　…ありがと（う）
青井・千秋　！
千秋　ありがとう？　なんで、ありがとうなんだよ……
賢太郎　郷原さん、僕達のために「やめろ」って叫んでくれたんでしょ。観客に向かって「やめろ」って叫んでくれたんでしょ。
千秋　どうしてそう思うんだよ。
賢太郎　だって、郷原さんが「ゲキやめろ」って言うはずないもの。
千秋　私、小学校の時、賢太郎のことといじめてたんだよ。それなのに、なんで……
賢太郎　郷原さん、必死になってみんなのこと止めようとしてたよね。……僕、嬉しかった。だから、ありがと(う)。
千秋　（泣けてくる）でも、私が「やめろ」って言ったから、「やめろ」の大合唱になったんだよ。私が「やめろ」って言わなければ……
賢太郎　郷原さんのせいじゃないよ。
青井　そっか、あの時、ヒーローはあの場所にいたのか……
青井　郷原さん。
賢太郎　ヒーロー？
千秋　会長、私に話って何？
青井　あー……なんだったっけ。
千秋　なにそれ？
青井　そうそう、郷原さんは演劇部が廃部になるって……どう思う。
千秋　廃部！　なんで？
青井　そう先生に言われたんだって。
千秋　それじゃ、私のせいじゃん。
賢太郎　そうじゃないよ。ゲキの発表の前から決まってたことだよ。演劇部ってそんな部だから。
千秋　そんな部ってどんな部だよ。賢太郎、頑張ってたじゃん。私、知ってるよ、賢太郎がどんなに頑張ってたか。それを、そんな部ってことで終わりにしていいのかよ。
賢太郎　（悔しくて泣けてくる）いいわけないよ。僕何のとりえもないけど、1年生の雨宮さんと二人で、ハモれるようになるまで必死になって歌の練習した。県大会目指して頑張った。それなのに…廃部なんて……
青井　賢太郎。俺、演劇部に入部したいんだけど。
賢太郎　えっ？（山本は「えー」）
青井　「花は咲く」ってゲキ、悪魔との戦いの劇だったよな。その戦いに俺も加えてくれよ。

青井がヒーローアクションを見せる。

山本　そんなら俺も入部する。俺に悪魔やらせてくれよ。悪魔をやらせたら俺の左に出るやつはいないぜ。

青井　右だろ。

山本　ははは、ともかく、俺が演劇部を３６０度変えてやる。

青井　大ちゃん。変えるなら１８０度。

山本　はははは。

青井　俺、生徒会長になってからずっと何かやりたいって思ってた。でも、その何かが見つからなかったんだ。でも、今見つかった。

山本　何かって何だよ。

青井　演劇部の廃部を止める！　そして、ゲキは止めない！

千秋　私も入部していいかな。

賢太郎　郷原さんも？

千秋　なんか面白そうじゃん。

青井　地区大会突破して、県大会に行けば、廃部を見直してくれるんじゃないか。

賢太郎　ありがと（う）。でも、雨宮さんなしじゃ、ゲキは続けられないよ。

青井　ってことは、雨宮さんがやるって言えば、続けられるんだよな。

賢太郎　それは、無理だよ。

青井　「無理という言葉を疑え！　無理なのか？　本当に無理なのか？」

賢太郎　……

青井　俺の好きなヒーロー・グラスホッパーの言葉。

賢太郎　……

青井　ゲキを止めるな！

賢太郎　……

そこに古川里美が入ってくる。

里美　本間君。ひっさしぶりやな。

賢太郎　古川さん？

里美　そや、古川里美や。おー、千秋やないか。

千秋　おまえ、どうしてここにいるんだよ。

里美　アメリカから帰ってきたんや。そして、たった今、この学校の生徒になった。本間君、演劇部の部長やってるってほんま？

賢太郎　うん。

里美　うち、演劇部に入部してええか？

賢太郎　えー！

ルッコラがリモコンのストップボタンを押すと同時に全員が動きを止める。

ズッキーニ　なるほど。現実は、時にゲキよりも劇的っていうことか。

ルッコラがリモコンを操作すると、場面は雨の日の通学路になる。

雨の音が響く。

ルッコラ　次の舞台は雨の日の通学路。

☆雨の通学路

雨が降っている。
雫が雨の中を傘をさして歩いている。
その後ろからもう一つの傘が近づいてくる。
それは賢太郎である。

賢太郎　雨宮さん!

雫が歩くのをやめて振り返る。

賢太郎　古川里美さんが演劇部に入部した。あー、前に話した小学校の時アメリカに転校した……

雫　覚えてます。確か、古川先輩の入ってたダンスチーム、全米で優勝したんですよね。

賢太郎　うん。それと、生徒会のメンバーと郷原千秋さんも入部した。

雫　郷原先輩って、「やめろ」って叫んだ人ですよね。

賢太郎　あれ、観客に向かって「やめろ」って叫んでくれたんだ。僕たちのために……

雫　よかったですね。それなら演劇部、廃部にならなくてすむんじゃないですか。

賢太郎　だから、雨宮さん、もう一度……

雫　私、二度と舞台には立ちません。私、雨女なんです。私が何かやる日は、いつも雨なんです。そういえば、ゲキが止まったあの日も雨でしたね。私、雨と一緒に不幸を連れてきちゃうんです。名前、雨宮雫なんで。

賢太郎　……

雨の音が響く。
その雨の中、傘をさして里美が歩いてくる。（雫の台詞の中で登場する）

里美　本間君。

賢太郎　（里美の方に振り向く。その後、里美を雫に紹介する）古川里美さん。

雫　あっ、はじめまして。雨宮雫です。

里美　雫って呼んでええかな。

雫　……はい。

里美　うち、雫と一緒にゲキやりたいんやけど……

雫　私、二度と舞台には立ちません。

賢太郎　……

雫　古川先輩、ダンスで優勝した日、どんな空でしたか。

里美　雲一つない、晴れ渡った空やったな。

雫　やっぱり。

里美　やっぱりって、どういうこと?

雫　私、古川先輩のように幸せを連れてくる、晴れ女じゃないんです。雨宮雫は、雨女なんです。雨と一緒に、不幸を連れてくるんです。

里美　うち、いつ晴れた空が一番って言うた？　アメリカで見た一番すてきな空は、ダンスでてっぺんに立った日に見た晴れ渡った空やない。一番すてきな空は、病気で入院してたうちのばあちゃんの退院が決まった日の空。ばあちゃん、もう最高の笑顔見せてくれてな。あの日の空、雨やったな。

雫　雨……

里美　雨の雫がキラキラ輝いてた。うち雨好きやわ。

そう言って里美は傘を地面に置き、体全体で雨を浴びる。
雨の音が響く。

賢太郎　雨宮さん、僕がどうして演劇部に入ったかわかる？

雫　……

賢太郎　僕、叶えたい夢があったんだ。

雫　叶えたい夢？

里美　本間君の、叶えたい夢って何？

賢太郎　……たくさんの笑顔を届けたい。

里美　ええな、それ。

賢太郎　それとね、演劇部に入って変わりたい自分がいたんだ。ずっと変われなかったけど。でも、雨宮さんと練習している中で、少し変われたって思うんだ。

里美　どんなふうに変わったん？

賢太郎　古川さん、僕の歌声覚えてる。

里美　本間君の歌声？

賢太郎　小学校の時、すごく歌下手だったでしょ。

里美　まあ、はっきり言う(ゆ)てうまくはなかったな。

賢太郎　歌っていいかな。

里美　本間君、一人で歌うんか。そりゃ、聞きたいな。

賢太郎　♪叶えたい夢もあった　変わりたい自分もいた♪

里美　うわー、そない歌えるようになったんか……びっくりや。

賢太郎　雨宮さんが僕の歌の練習にずっとつき合ってくれたんだ。僕、雨宮さんのおかげで変われたんだ。

突然、雫が泣き出す。
傘は雫の手から離れ雫は雨に濡れる。

雫　私も、変わりたい自分がいました。でも、変われなかった。変わりたいけど、全然変われなかった……

雫は泣いている。
雨の中、雫の泣く声が響く。
賢太郎も傘を手から離し、雫と一緒に雨に濡れる。
ピアノバージョンの「花は咲く」ＩＮ

里美　雫、今の言葉、心にずっしり響いたで。

雫　……

里美　もし、もしやで、今のあんたの言葉、向こうで（客席を向いて）誰かが聞いてたら、あんたのこと笑うか？

雫　……

里美　誰も笑わん。それどころか思いっきり心持ってかれるわ。

雫　……

里美　雫、あんたもう変わってるんとちゃう。

雫　（えっ）

びっくりして里美を見つめる雫の顔を見て里美が、くすっと笑う。

里美　（あっ）笑てごめんな。そんなまんまるな目でうちのこと見るから、つい笑てもうた。でも、バカにして笑たんやない、感動して笑たんや。

賢太郎・雫　……

里美　雫、ありがと、うちに笑顔届けてくれて。

雫　私が、笑顔を届けた……

里美　そや。

賢太郎　あー、雨宮さんに先越された。その笑顔、僕が届けたかったのに。

雫の表情が泣き笑いになる。

里美　雫、うちの前で初めて笑たな。ええな、その笑顔。

雫　……

里美　あー、雨やんだな。雫、あんた雨女失格や。（何かに気がついて宙を見つめる）あそこ、見てみ。

賢太郎　うわー。

里美　でっかい虹や。

雫　！

里美　雫、一緒にゲキがんばろな。

雫　はい。（そう言った後、はっとして手で口を押える）

里美　雫、今「はい」って言うたな。ほなら、明日から、練習開始や。

賢太郎　やったー。

三人は笑いながら歩いて舞台から去っていく。

☆再スタート

チコリー　というわけで、「花は咲く」は再び動き出したの。

ルッコラ　演劇部員が増えたんで、台本は新しく書き直したの。

チコリー　ゲキの題名は「花は咲く」から「ゲキを止めるな！」に変えたわ。

ルッコラ　そして、部室に「天使からの贈り物」って書いて置いたの。

ズッキーニ　怪しい。怪しすぎる。

チコリー　でも、みんなその台本をすんなり受け入れてくれたわ。

ズッキーニ　安っぽい天使の物語によくあるパターンだ。

チコリー　そんな言い方しないで。

ズッキーニ　ということは、口パクはお前たちの指示ということになるな。
チコリー　私達、そんなひどいことしないわ。
ルッコラ　口パクのわけは、次のシーンを見ればわかるわ。

ルッコラがリモコンを操作すると、場面は「ゲキを止めるな！」の練習風景となる。
台詞の練習、歌の練習、音響などの裏方の確認も同時進行で行われている。
中央でヒーローと悪魔の戦いの練習が行われる。
山本は台本を手に、声を出して台詞練習をしている。
次の山本の台詞でピアノバージョンの「花は咲く」ＯＵＴ

山本（バリウム）　それは、私が悪魔だからさ。私は、バリウムの体を支配しているのだ。今ギョッキョウはガッコウの中にいる。ギャッキョウがガッキョウ、あー？
青井　学校が逆境。
山本　ギャッキョウがギャッキョウ……あー
青井　貸してみろよ（そういって山本の台本を手に取って悪魔的にそれを読む、）今学校は逆境の中に置かれている。学校の中で逆境に苦しんでいる人を助けるのは天使か……
山本　いいね。俺の代わりに悪魔やってくれよ。
里美　それ、ええな。
山本　古川、お前マジで言ってる？
里美　青井君の声、録音して音響から流して、それに合わせて山本君が動けばええやん。録音すれば台詞間違える心配もないやろ。
山本　どうする。
青井　とりあえず俺が言う台詞に合わせて動いてみるか。
山本　よし。
青井　「（悪魔的に）それは、私が悪魔だからさ。私は、バリウムの体を支配しているのだ。今学校は逆境の中に置かれている。学校の中で逆境に苦しんでいる人を助けるのは天使か……いや、そうではない。それは悪魔。悪魔がこの世界に平和をもたらすのだ」（山本は青井の読む台詞に合わせて大胆に動く）
里美　それ、おもろいな。新演出に採用や。
みんな　えー！

再び舞台上で演劇部の練習が展開される。
里美と千秋が「花は咲く」を二重唱で歌い始める。

里美・千秋
♪夜空の　向こうの　朝の気配に
わたしは　なつかしい　あの日々を　思い出す♪

演劇部員が二人の周りに集まってくる。
賢太郎と雫は、歌っている二人を見ながら相談をしている。

里美・千秋

♪傷ついて　傷つけて
報われず　ないたりして
今はただ　愛おしい　あの人を　思い出す♪

部員達から自然と拍手が沸き起こる。

里美　千秋、あんたとこんなふうに二人で歌う日が来るなんて信じられんわ。

千秋　（意識的に関西弁を使って）そやな。

二人が笑う。

賢太郎　古川さん。

里美　何？

賢太郎　僕らの代わりに「花は咲く」歌ってくれないかな。

里美　どういうこと？

雫　先輩達のほうが私達よりずっと歌声が響いてます。だから、先輩達に歌ってもらって、私達は歌に合わせて口を動かすんです。

里美　口パクってこと？

賢太郎・雫　（うなずく）

里美　それは逃げやないか。

賢太郎　大輔君が苦手な台詞、会長が変わりに言ってその録音を流すことになったよね。

里美　あれは声が変わったほうがおもろいからそうしたんや。

雫　私達、後ろ向きな気持ちで口パクを提案してるんじゃないんです。

賢太郎　県大会に進めたらたくさん練習して、自分たちで歌えるようにする。僕、どうしても県大会に行きたいんだ。演劇部を廃部にしたくないんだ。

千秋　私、やってもいいよ。

里美　……わかった。口パクで決定や。けど、県大会に進めなかったら、二人とも歌、歌わんで終わりや。絶対県大会行かなあかんな。

賢太郎　ありがとう。（雫は「ありがとうございます」）

ルッコラがリモコンのストップボタンを押すと同時に全員が動きを止める。

ズッキーニ　それで口パクだったのか。

チコリー　残念ながら、地区大会はビデオ映像での審査に変更になったの。

ルッコラ　その撮影の様子はさっき見せたでしょ。

チコリー　ズッキーニは最後まで見ないで止めちゃったけど……

ズッキーニ　撮影はうまくいったのか？

チコリー　うまくいってたら、ズッキーニを呼んだりしないわ。

ズッキーニ　どういうことだ。

ルッコラ　それはこの映像を見ればわかるわ。

☆ゲキを止めるな！

ルッコラがリモコンを操作すると、演劇部員が早送りのように動き出し、その後静止する。
ルッコラがリモコンのスタートボタンを押すと、演劇部員全員が「えー」という驚きの声をあげる。

梨花　すみません。まさか代えのバッテリーまで切れるなんて思ってませんでした。ラストは私も舞台に出てたんで、カメラが止まったのに気が付きませんでした。
里美　梨花のせいやない。で、どこまで撮れてたん。
梨花　バリウムが手を挙げて雷が鳴るところあるじゃないですか（山本がそのシーンの動きをやる）。その前のブラックとホワイトの歌の途中までです。
里美　そこで終わると、話、何が何だかわからんな。公民館は後20分で閉館。ビデオカメラは動かない。この後どうするか決断せなあかんな。決断するのは、本間君や。
賢太郎　僕が？
里美　そや、それが部長の務めや。

ルッコラがリモコンのストップボタンを押すと同時に全員が動きを止める。

ルッコラ　私達、ここで天使の力を使って時を止めたの。
ズッキーニ　時を止めただと。ということは、目の前のこの映像は、映像と同時に実在でもあるのか。
ルッコラ　そういうこと。
チコリー　ズッキーニ、何とかして。
ズッキーニ　時を止めるなどという大それたことができるのに、なぜゲキが止まることを止められない。この展開、私の嫌いな、時を自由に操る安っぽい天使の物語と同じではないか。
チコリー　そんな言い方しないで。
ズッキーニ　私は天使の力を使って人の運命を変えてやる天使の物語が嫌いだ。
ルッコラ　いけない、もうこれ以上時を止めておくことはできない。
チコリー　時が動き出すわ。

静止していた演劇部員達が同時に動き出す。

賢太郎　残念だけど、ここまでの映像で地区大会に参加するしかないかな。
青井　県大会に行けなくてもいいのか？
賢太郎　僕だって県大会に行きたいよ。でも、撮影を続けるのは……無理だよ。
ズッキーニ　そう、無理なものは無理だ。
青井　「無理という言葉を疑え！　無理なのか？　本当に無理なのか？」
チコリー・ルッコラ　ズッキーニ！
ズッキーニ　……ゲキを止めるな！

ズッキーニが手を挙げると、雷鳴が轟く。

梨花　えー！　バッテリーが充電されました。
里美　ほんま！
梨花　10分だけですけど。
里美　10分で十分や。それだけあればラストまで撮影できる。
青井　ぎりぎりセーフや。
賢太郎　賢太郎、こんどこそラストまでたどり着こうぜ。
青井　うん。
みんな　（みんなに）ゲキを止めるな！　ゲキを止めるな！
里美　ブラックとホワイトの歌から撮り直すで。
みんな　はい。

みんながラストシーンの準備をする。

ズッキーニ　私は天使の力を使って人の運命を変えてやる天使の物語が嫌いだ。
チコリー・ルッコラ　……

☆もう一つの「ラストシーン」

里美　準備いい。
みんな　はい。

里美　撮影、スタート。

ブラックとホワイトの歌は口パク。
実際は里美（ローズマリー）と千秋（ペパーミント）が歌う。

ブラック・ホワイト
♪花は　花は　花は咲く
いつか生まれる君に♪
ナトリウム・カルシウム　うっ……（苦しむ）
ブラック・ホワイト
♪花は　花は　花は咲く（フェルマータ）♪

ナトリウムとカルシウムが呻き声を発して倒れる。
この瞬間バリウムが手を挙げる。
舞がCDラジカセのスイッチを押すが雷鳴が出ない。
真琴がCDラジカセを叩くが、雷鳴は出ない。
バリウムはもう一度手を挙げて雷鳴を求める。
真琴は再びCDラジカセを叩くが、雷鳴は出ない。
舞が両手で×を作り、音が出ないことを舞台上の役者に示す。

チコリー・ルッコラ　ズッキーニ！

ズッキーニは首を振る。

バリウム　（雷の音をまねて）バリバリバリドッカーン。

バリウム（山本）はその場を何とかごまかす。

バリウム　（笑い声）そんな歌声ではこの私を倒すことはできない。なぜかって……それは、

舞がＣＤラジカセのスイッチを押し録音した青井の台詞を出そうとするが、音が出ない。
真琴がＣＤラジカセを叩くが、音は出ない。

バリウム　それは……

舞が再びＣＤラジカセのスイッチを押すが、音は出ない。
真琴がＣＤラジカセを叩くが、それでも音は出ない。
舞は両手で×を作り、音が出ないことを舞台上の役者に示す。

チコリー・ルッコラ　ズッキーニ！

ズッキーニは迷う。
そして、再び力を使おうとしたその時、突然グラスホッパー役の青井が立ち上がる。

グラスホッパー（青井）　（悪魔の口調で）それは、私が悪魔だからさ。

みんな　!!!（思わず「えー」「えっ」という声が漏れてしまう。）

青井はヒーローのマスクを取ってそれを投げ捨てる。

グラスホッパー（青井）　（悪魔の口調で）私は、バリウムの体を支配しているのだ。今学校は逆境の中にいる。学校の中で逆境に苦しんでいる人を助けるのは天使か……いや、そうではない。それは悪魔。悪魔がこの世界に平和をもたらすのだ。（小声で）続けろ。

ビートル　（立ち上がって）グ……グラスホッパー。お前、悪魔だったのか。

バタフライ　（立ち上がって）ずっと私達を騙してたの？

グラスホッパー（青井）　そうだ。私は正義のマスクをつけた、悪魔だったのさ。

青井は目で賢太郎と雫に「続けろ」という合図を送る。

ホワイト　天使さん、私達に力を貸してください。

ブラック　天使の力を貸してください。

ローズマリー　あなた方に力を授けるわ。

ペパーミント　悪魔と戦うことができる魔法の力。

ローズマリー・ペパーミント　天使の歌声を。

舞がＣＤラジカセのスイッチを押すが、音が出ない。
真琴がＣＤラジカセを叩くが、それでも音は出ない。

舞は両手で×を作り、音が出ないことを舞台上の役者に示す。
その時、突然ローズマリーが関西弁で話し出す。

ローズマリー　うちの声が聞こえるか。
ブラック・ホワイト　……
ローズマリー　（青井を指して）こいつはとんでもなく強い悪魔や。どんなヒーローでもこいつにはかなわん。ただ、たった一つ、こいつを倒せる可能性が残っとる。
ブラック・ホワイト　……
ローズマリー　自分の声で歌うんや。天使の力なんてあてにしたらあかん。自分の声で歌うんや。
ブラック・ホワイト　!!!
ローズマリー　このドラマの主人公はあんたら二人や。あんたら二人が今日ここにたどり着くまでの思いを、歌に重ねてみ。そん時、きっと天使の歌声が生まれる。そう思わんか、ペパーミント。
ペパーミント　（にっこり笑って）そやな。
ブラック　……ホワイト、歌おう。自分たちの声で。
ホワイト　えっ?!
ブラック　僕らの歌で、この世界に花を咲かせよう。
ホワイト　……（うなずく）

舞台に緊張が走る。
青井の口が「がんばれ」と動く。

ブラック・ホワイト
♪（二重唱で）花は　花は　花は咲く
いつか生まれる君に**♪**

グラスホッパー(青井)が苦しみ始める。
それを見て、バリウム、ナトリウム・カルシウムが苦しみ始める。

ナトリウム・カルシウム　うっ……
バリウム・グラスホッパー　なんだ、この歌声は……
ブラック・ホワイト
♪花は　花は　花は咲く（フェルマータ）**♪**

バリウム、グラスホッパー、ナトリウム・カルシウムがひざまずく。

ブラック・ホワイト
♪いつか恋する君のために**♪**
バリウム・グラスホッパー・ナトリウム・カルシウム　うおー!!!

バリウム、グラスホッパー、ナトリウム・カルシウムが倒れる。
舞が祈るようにCDラジカセのスイッチを押すが、音が出ない。

真琴がCDラジカセを叩くと「花は咲く」のピアノバージョンが流れ始める。
ガッツポーズで喜ぶ舞と真琴。

ブラック 花が咲いた……

ホワイト 私達の花が咲いた……

ローズマリー こうして、七つ森学園に再び平和が訪れました。

ペパーミント 七つ森学園は天使の歌声が響く学校になったのです。

「花は咲く」が響く中で暗転。

☆エピローグ

梨花 はい、オッケーです。ラストシーンの撮影終了です。バッテリー持ちました。

みんなが歓声を上げて舞台中央に集まってきて、それぞれをたたえ合う。
舞台が明るくなる。
「花は咲く」はバックグランドミュージックとして流れ続ける。

チコリー ズッキーニ。ありがとう。

ズッキーニ ……何のことだ。

ルッコラ （ズッキーニの真似をして）「ゲキを止めるな！」

ズッキーニ 私は天使の力を使って人の運命を変えてやる天使の物語が嫌いだ。そして、私はお前たち二人が創ったこのゲキが……

ここで演劇部員達が歓声を上げる。
その歓声にズッキーニの声がかき消されてしまう。

チコリー えっ、何？

ルッコラ 何て言ったの、ズッキーニ。

「花は咲く」が響く中、暗転。

☆もう一つのエピローグ

凛の声がマイクを通して聞こえてくる。

凛 オッケーです。上演時間43分30秒。ビデオ撮影うまくいきました。この映像で地区大会に参加できます。

演劇部員が歓声を上げて喜び合う。
舞台が明るくなるとともに「花は咲く」はフェイドアウト。

演劇部員がズッキーニ、チコリー、ルッコラの周りに集まってくる。ズッキーニは森泉圭吾、チコリーは北沢みなみ、ルッコラは坂本奈々という七つ森中学校演劇部員だった。

里美　ズッキーニ。ありがと。あー、もうズッキーニやなくて森泉圭吾やな。うち、圭吾が書いた「ゲキを止めるな!」めっちゃ好きや。

圭吾　(観客席を見て)観客の前で上演できる日って来るのかな。

演劇部員全員が観客席を見つめる。

青井　きっと来るよ。

里美　そやな、花は咲くな。(あっ)そろそろ公民館を出なあかんな。シメの言葉、本間君、よろしくな。

賢太郎　僕が?

里美　そや、それが部長の務めや。

賢太郎　(うなずいて)みんな……(胸がいっぱいになって言葉が続かない)……歌っていいかな。

みんな　(「えっ」っていう反応を示す)

里美　……ええんやない。ほら見てみ。(観客席を指差して)満員の観客席。

賢太郎が観客席を見つめる。
賢太郎に続いて演劇部員全員が観客席を見つめる。

里美　あそこにいるのはうちらがこれから未来で出会う観客や。みんなみんな、手ふっとる。本間君に「歌って」って手ふっとる。

賢太郎が「花は咲く」を歌い始める。

賢太郎

♪真っ白な　雪道に　春風香る(胸がいっぱいになり歌は涙声になる)
わたしは　なつかしい　あの街を　思い出す♪

賢太郎は胸がいっぱいになって歌えなくなる。
雫が賢太郎に近づく。そして二人の目と目が合う。
二人は「花は咲く」の続きを二重唱で歌い出す。

賢太郎・雫

♪叶えたい　夢もあった
変わりたい　自分もいた
今はただ　なつかしい　あの人を　思い出す♪

里美と千秋が歌に加わる

賢太郎・雫・里美・千秋

♪誰かの歌が聞こえる　誰かを励ましている♪

圭吾、みなみ、奈々が加わる。

賢太郎・雫・里美・千秋・圭吾・みなみ・奈々
♪誰かの笑顔が見える　悲しみの向こう側に♪

ここまで歌ったところで、みんなが笑い出す。
里美が音頭を取ることで、歌はアップテンポになる。

賢太郎・雫・里美・千秋・圭吾・みなみ・奈々
♪花は　花は　花は咲く　いつか生まれる君に
花は　花は　花は咲く　わたしは何を残しただろう♪

演劇部全員が歌に参加する。

全員
♪花は　花は　花は咲く　いつか生まれる君に
花は　花は　花は咲く（フェルマータ）♪

賢太郎・雫・里美・千秋
♪いつか恋する君のために♪

☆更にもう一つのエピローグ

全員が花咲く未来を見つめる中、声が聞こえてくる。

声　オッケーです。上演時間49分30秒。ビデオ撮影うまくいきました。この映像で地区大会に参加できます。

みんなが歓声を上げて喜び合う中で、幕。

『花は咲く』作詞：岩井俊二、作詞：菅野よう子
日本音楽著作権協会（出）許諾第２２０４０４０２７-０１号

となりの君に、

作・野元準也／潤色・横浜市立保土ケ谷中学校演劇部

登場人物
ユウキ(14)　綺花町で暮らす中学生。スミレに想いを寄せている。
コト(18)　ユウキの姉。小学生時代に転校してきたヒカルとは親友になる。
スミレ(14)　ユウキが思いを寄せている幼馴染。
ヒカル(18)　小学生時代からのコトの親友。真っすぐで活発で明るい。
チヨコ(18)　コトの友達。ハイテンションで仕切り役。
ミント(18)　コトの同級生。小学生時代、チヨコとコンビだった。
キタカゼ(18)　コトの同級生。昔、ユウキをイジメた過去あり。
タイヨウ(18)　コトの同級生。キタカゼの親友。
カナミ(14)　ユウキとスミレの仲のいい友達。
ゴウ(14)　ユウキとスミレの友達でムードメーカー。
ユウキ(9)　ユウキの幼少期。
スミレ(9)　スミレの幼少期。
コト(9)　コト小学生時代。

横浜市立保土ケ谷中学校、2021年８月３日、初演。

コト(13)　コト中学生時代。
ヒカル(9)ヒカル小学生時代。転校生として現れる。
チヨコ(9)チヨコ小学生時代。自称番長。
ヒカル(13)ヒカル中学生時代。
ミント(9)ミント小学生時代。チヨコのお付き。
キタカゼ(13)　キタカゼの中学生時代。
タイヨウ(13)　タイヨウの中学生時代。

1　なくてはならないお話。

○綺花町　学校　校庭　ユウキ、スミレ(14)、コト、ヒカル、チヨコ、ミント(18)。

舞台上にはバラバラの制服を着た高校生、中学生、子どもたちの姿。全員がはしゃいで楽しそうにお喋りをしている。

花火の上がる音。

全員がお喋りをやめて見上げている。

突然動きの止まる周りの人たち。

中央に現れたユウキが話し始める。

ユウキ　……えっと、さ。笑わないで……聞いてくれる?

スミレ　うん。

ユウキ　……俺の……夢……。

スミレ　うん。

ユウキ(14)　これから話すお話は、僕らが暮らす、一つの町のお話。町の中で暮らす、僕らの記憶。普通で、何の変哲もない、当たり前の、でも、なくてはならないお話。

ユウキ(9)　僕らが暮らす、

スミレ(9)　一つの町のお話。

スミレ(14)　町の中で暮らす、

女子(全)　私たちの記憶。

ヒカル(全)　普通で、何の変哲もない、
チヨコ(全)　当たり前の、
男子(全)　でも、
全　なくてはならないお話。

花火の上がる音。


ユウキ(9)　たーやまー！

スミレ(9)　花火キレイだね。

ユウキ(9)　うん。


目が合って恥ずかしくて顔を手で覆い、走り去るユウキ。

追いかけていくスミレ。

小学生たちが動き出す。


ヒカル(9)　コトちゃん、一緒に走ろう！

コト(9)　え？

チヨコ(9)　番長は私だから！

ミント(9)　よっ、チヨコ番長！


走り去る4人。

中学生たちが動き出す。


コト(13)　こらー！

ヒカル(13)　こらー！

キタカゼ　はい！

タイヨウ　はい！
コト(13)　そういう、
ヒカル(13)　卑怯なことは、
コト&ヒカル　許さなーい！

逃げる男子たちを追いかけていくコトとヒカル。

高校生たちが動き出す。

コト(18)　1度でいいから、
ヒカル(18)　え？
コト(18)　戻ってみたい？
ミント(18)　あの頃に？
チヨコ(18)　勘弁してよ、疲れちゃう。
ヒカル(18)　確かに。

チヨコとミントが去る。

スミレとユウキ、コトとヒカルが向かい合う。


スミレ(14)　『誠実』、『謙虚』って意味があるんだって。色が変わると意味も変わるの。『あどけない……』『無邪気な……』

ユウキ(14)　これから話すお話は、僕らが暮らす、一つの町のお話。

コト(18)　町の中で暮らす、
ユウキ(14)　僕らの記憶。

ヒカル(18)　普通で、

スミレ(14)　何の変哲もない、
コト(18)　当たり前の、
スミレ(14)　でも、
ヒカル(18)　なくてはならない
ユウキ(14)　お話。
スミレ(14)　お話。

2　僕らの街

○綺花町　学校　校庭　ユウキ、コト。

ユウキが1人学校の校庭にいる。
コトが1人でやってくる。

ユウキ　あ、
コト　ユウキ、ここにいたんだ。1回帰ったけどいなかったから。
ユウキ　お帰り。
コト　ただいま。

○イメージ　ユウキ、コト。

ユウキ　僕らの住む町は、『綺花町』と言って、本島から離れた小さな島で、小さな山のような町だ。僕らから見たら大きな山だけど、世界から見るときっとちっぽけな山でちっぽけな島だろう。地図で探そうとしても教科書に載っている地図ではまず無理だ。ちなみに、『綺花町』っていうのは、『綺麗な花』と書いて『きはなちょう』と読む。この町には、学校が一つしかない。小学校と中学校とが一緒になった小中学校ってのが一つあるだけ。
コト　統合、だか、一貫だかよくわかんないけど、一つしかないから、この町にいる子どもたちはみんなここに通っているのよね。
ユウキ　この人は僕の姉ちゃんのコト。その小中学校を卒業している、一応先輩。
コト　一応って何よ。何か文句あんの？
ユウキ　いつからか怖い姉貴になってしまった。昔はもっとやさしかったんだけどな。
コト　は？
ユウキ　この町には、高校なんてない。だから、高校からみんな本島の方に下宿しながら通うんだ。高3になる姉ちゃんもその1人。だからめったにこの島の家には帰ってこなくなった。
コト　だけど、今日は、みんながこの町に帰ってくる日。特別な日だから。でもあんたも早いね。
ユウキ　そう。僕も早く来すぎてしまって、まだ誰も居なかった。

○綺花町　学校　校庭。

ユウキ　……。

緊張してため息をつくユウキ。
コトのもとには、ヒカルがやってくる。

ヒカル　コトちゃーん！
コト　ヒカルちゃーん！
ヒカル　あ！
コト　あ、

盛り上がる2人。

コト　この子はヒカルちゃん。私の大切な友達。私を変えてくれた人。
ヒカル　久しぶり！
コト　うん。（嬉しい）やっぱりヒカルちゃんは1番に来るんだね。
ヒカル　へへ。
コト　やっぱりヒカルちゃんの学校の制服可愛いなー。
ヒカル　でっしょー！（素直に嬉しい）コトちゃんも、相変わらず似合うじゃん。その制服。私好き！
コト　ありがと。ヒカルちゃんに言われると嘘じゃないから嬉しい。
ヒカル　はは、変なの。
コト　部活は？　陸上部。
ヒカル　うん、頑張ってるよ！
コト　そっか。（嬉しい）

チヨコとミントがやってくる。

チヨコ　あ、やっぱり2人が先にいた。
ミント　ホントだ。
ヒカル　よっ！　チョコ番長！　久しぶり！
チヨコ　やめて！　恥ずかしいから。
コト　ミントちゃんも。
ミント　やっほー。
チヨコ　もー、番長っていつまでも言わないでよねー。それにホントの番長はヒカルの方でしょ？
ヒカル　あれ、そうだっけ？
コト　この子はチヨコちゃん。通称『チョコちゃん』。パワフルキャラな友達。お隣が、いつもチョコちゃんと一緒にいたミントちゃん。本名。
ミント　よっ！　チョコ番長！
コト　が、口癖。

そのころのユウキ。うろうろして落ち着かない。

ユウキ　やっぱ、早すぎたかなぁ……。

全く落ち着かない様子に気付くヒカル。

ヒカル　ねえ、あそこに居るのってさ、
コト　あぁ、私の弟。
チヨコ　え？
ヒカル　やっぱり、『たやま』君だよね！
コト　（チヨコとミントに）『たやま』じゃなくて、ユウキって言うんだけどね。
ヒカル　大っきくなったねー。昔見た時すっごい小っちゃかったのに。
コト　だいぶ前だよそれ。
ヒカル　そうか。
コト　もうユウキも中学生だから。
ヒカル　そうなんだ。
チヨコ　何年？
ミント　何年？
コト　今2年。
ヒカル　そっか……じゃあ……。
コト　……うん、まあ、そこは少しかわいそうかな。

4人に少しの沈黙が流れる。

ミント　でもさ、さっきから何で1人で立ってんの？
チヨコ　待ち合わせ？……彼女？
ヒカル　そうに決まってんじゃーん！　1人で見るわけないじゃん。花火なんて！

盛り上がる4人。

コト　……。

コト、少しユウキのことを気にしている様子。
そこへキタカゼとタイヨウが入ってくる。

キタカゼ　……あ。
タイヨウ　……あ。

キタカゼ・タイヨウと、コト・ヒカルが見合う。一瞬の沈黙。チヨコとミントは両方を交互に見ている。
見合っていたお互いが同時にハッと気付く。

4人　ああっ！

○ユウキとスミレ　イメージ。

ユウキ　毎年、夏休みの花火大会は、綺花町の校庭が開放される。ここが1番見やすいし、人が集まりやすい。僕が待ち合わせをしていたのは同級生のみんなだ。彼女と待ち合わせをしていたんじゃない。……ただ、そうであってほしかったけどさ。

ユウキの同級生が現れる。
浴衣姿のスミレ（14）とカナミ（14）。
ゴウ（14）は花火大会に関係ない、謎にキメた衣装で登場。

スミレ　ユウキ君、早かったんだね。
ユウキ　ああ、うん。
ユウキ　彼女は、スミレちゃん。僕の幼馴染で、ずっと一緒にこの町で育ってきた。僕は、彼女のこと……。

○綺花町　学校　校庭　ユウキと同級生。

カナミ　ちょっと聞いてよ、ゴウちゃんと合流した瞬間から花火に行く空気じゃなくなったんだけど。
スミレ　そうだね。(笑)
カナミ　ここ島のド田舎なんですけど。寧ろよくそんな服持ってるよね。
ゴウ　持ってるね。(いい声)
スミレ　いい声。
カナミ　ていうか暑くないの？
ゴウ　暑くないね。(いい声)
カナミ　もー。何それ。ねー、ユウキどう思う？

ユウキはスミレに見とれていて聞いていない。
スミレは2人のやり取りを見て笑っている。

カナミ　ユウキ？
ユウキ　……ああ、はい、
カナミ　何さ、私だって頑張って可愛くしてきたのに。
ゴウ　そう拗ねるな、カナミ。(いい声)
カナミ　うるさいよ！　かっこつけて言うな。
ゴウ　おい、ユウキ。
ユウキ　あ、カナミ似合ってんじゃん、浴衣。
カナミ　え？　そう？(嬉しい)
ゴウ　単純だ。(いい声)
カナミ　うるさいよ。
スミレ　ホントに可愛いよ、カナミちゃん。
カナミ　スミレ、ありがとう。あんたは天使だよ。さ、ゴウちゃん、場所取り行くよ。
ゴウ　俺が？(いい声)
カナミ　いいから行くの、素早く動けよ。

カナミ、ユウキに下手なウィンクをして去っていく。

スミレ　あ……。
ユウキ　……。

静かになり、急に喋ることができなくなる2人。

スミレ　……今日、人、いっぱいだね。
ユウキ　……ああ、うん。
スミレ　……やっぱり、最後、だもんね……。
ユウキ　……そうだね。

○イメージ　ユウキ。

ユウキ　最後。僕にはその言葉が、重いんだ。

○ユウキとスミレ。

スミレ　……ねえ、あのさ……。
ユウキ　……ん？
スミレ　……話したい事、あったの。……聞いてくれる？
ユウキ　……うん。
スミレ　私ね、この町が……。

何かに気付いて上を見上げる２人。

3 突然

○３か月前　コト電話内。

コト　なくなる!?

○ユウキ　イメージ。

ユウキ　僕らは、この町でいつも通りに過ごしていた。話は、３か月前に戻る。

○綺花町　帰り道（３か月前）　ユウキ、カナミ。

カナミ　ねぇ、
ユウキ　え？
カナミ　女子たちのうわさですごい広まってるけど、ほんとなの？
ユウキ　カナミとは、小さいころから仲がいい。スミレちゃんと僕のことも小さいころから知っている。
カナミ　ヒトミに告白されたって。しかも振ったって？あんたやばいよ。
ユウキ　え？
カナミ　あんたさ、その場で即答したんだって？　もうちょっとさ、女心を考えなさいよね。振られる方のプライドも考えないとだめでしょ。ほんとに単細胞なんだから。
ユウキ　んなこといったって。
カナミ　まったく。
ユウキ　しょうがないだろ。嘘は付けない。
カナミ　……ま、そうだろうね。ユウキのことだから。
ユウキ　ごめん。
カナミ　なんであんたが謝んのよ。それに、わざわざ好きな人いるからって答えたんだって？
ユウキ　そこまで知ってんの？　女子こわ。
カナミ　この程度の情報、何もしないでも入ってくるから。

少しだけためらって聞くカナミ。

カナミ　で、ちなみに誰なの？
ユウキ　は？
カナミ　当ててあげようか？
ユウキ　何言ってんだよ、いいよそういうの。
カナミ　はいはい。あんたは、ずっとスミレでしょ？
ユウキ　え？　は？　バカじゃないの？　何言ってんだよ。
カナミ　１００点のうろたえ方だな。
カナミ　……やっぱりねー。（わかってたけど、本人から聞くと少し寂しい）
ユウキ　……。
カナミ　……気持ち、伝えてみたら？
ユウキ　……やめろよ、別にそんなんじゃないから。
カナミ　……。

ゴウとスミレ、入ってくる。

ゴウ　待たせたな。（いい声）
カナミ　あ！　もう、聞いてよ、今日の朝もコイツのせいで……。
ゴウ　コイツじゃない。ちゃんとした名前がある。（いい声）
カナミ　あぁそうですか、なんていうんですか？
ゴウ　アヤノゴウ。（いい声）

笑うユウキとスミレ。

カナミ　もう、こっちは笑い事じゃないんだからね、朝ゴウちゃんにたまたま会って、
ゴウ　おはよう。（いい声）
カナミ　って声かけられて止まったせいで遅刻しちゃったんだから。
ゴウ　仕方ない。（いい声）
カナミ　仕方なくないわ。私２日連続なんだから。
ゴウ　仕方ない。（いい声）
カナミ　うるさいよ。ていうかなんで私だけ遅刻？　なんであんたはゆるりとすり抜けていったわけ？
ゴウ　おはようございます。（いい声）
カナミ　じゃないよ。
ユウキ　ていうかゴウさ、去年から急にキャラ変しすぎだろ。前ははしゃぎ担当だったじゃん。
ゴウ　時代が俺を変えたのさ。（いい声）
ユウキ　名前に引っ張られただけだろ。
カナミ　いや本人こんなんじゃないからね！　何に影響受けたらこんなんなるわけ？

みんな笑っている。

ユウキ　でさ、ゴウ。お前から珍しく集めるなんて何だ

よ。

スミレ　まあまあカナミちゃん。

カナミ　ぐぅ。

ユウキ　それはカナミもだろ。

カナミ　ホントだよ、遅刻しといて。

ゴウ、ゆっくりと話し始める。

ゴウ　なくなるんだ。

ユウキ　え？

スミレ　何て？

カナミ　なくなる？　何が？

ゴウ　なくなるんだ。この学校。今年いっぱいで。

３人　……え？

よくわからない３人。

カナミ　ちょっとちょっとちょっと、いきなり何言ってんの？　全然意味わかんないんだけど。

ユウキ　うん。

スミレ　どういうこと？

ゴウ　学校だけじゃない、僕らのいるこの町も、

○電話　島外の下宿先　コト、ヒカル、チヨコ、ミント。

グループ通話をしている４人。

ヒカル　なくなる!?

ミント　えぇ!?

チヨコ　ええええええええええ!!!？？？

ヒカル　ちょっと、チヨコちゃん声でかすぎ。

チヨコ　ごめーん！（デカい）

ミント　でもびっくりするよ。いきなりとんでもないこと言うんだから。

ヒカル　コトちゃん、どういうこと？

コト　うん……。私も、聞いたばかりなんだけど……私の弟、今綺花に通ってて、

ヒカル　ユウキ君？

コト　うん。それでね、ユウキが学校で友達から聞いたらしいんだけど、来年の３月で学校は閉鎖。綺花町もいずれ隣のいくつかの町と合併して末吉町(すえよしちょう)って名前に変わるらしいの。

ヒカル　何それ。

ミント　ホントなのそれ？

コト　その子のお父さん、役所で働いている人だから本当の話だって。

一同　……。

ヒカル　合併しちゃうのはいつ？

コト　わかんない。

ヒカル　でも綺花がなくなるんじゃ、みんな学校は島の外に通うしかなくなるよね？

コト　……うん。

チヨコ　ていうかなんなのさ!!

ミント　チヨコちゃん？

チヨコ　末吉町ってなんだよ！　なんでそんな『末吉』みたいな名前にならないといけないわけ？　あの町には『綺花町』って素晴らしい名前があるじゃない。私たちもずっと綺花で育ってきたんだし、わざわざ変える必要なんかなくない？　しかもわざわざ変えるなら納得できるような名前に変えろっつうの！　センスねえなーほんと。大人たちはいつも勝手に、自分たちの都合で……あー！ムカつく！

ミント　チヨコちゃん、落ち着いて。

チヨコ　田舎だからって、人が少ないからってバカにすんなよ！　少しはあそこで暮らしてる人のことも考えろっつーの！

ミント　私たちも暮らしてないけどね。

チヨコ　それは綺花に高校がないからだもん。だから仕方なく私は外に出てるの。あるなら私はずっと綺花にいたい。

沈黙する４人。

コト　あのさ、

ヒカル　どした？

コト　今年の花火大会、皆で集まらない？

ミント　え？

ヒカル　花火か、いいね！

コト　綺花で見られる最後の花火かもしれないから。

ヒカル　そうだね！　私行く！

ミント　え？　あ、じゃ私も行こうかな。

チヨコ　ぜーーーーーーーーーーーーーーーーーったい、行く！

○イメージ　ユウキ。

ユウキ　突然で……正直どういうことかよく分からなくて。ただ、その時思い出したのは、昔のことだった。

4　花火大会

○綺花町　学校　校庭(回想)　ユウキ(9)、スミレ(9)。

花火に連れてきてもらっている2人。
浴衣姿で遊ぶスミレ。
ユウキがいろんな出店の景品を持って現れる。

ユウキ　見て。いっぱい取れた。

スミレ　すごーい。

花火の音。

ユウキ　たーやまー！

スミレ　？

花火の音。

ユウキ　たーやまー！
スミレ　なにそれ？
ユウキ　えっと、よくわかんない。近所のおっちゃんが言ってた。
スミレ　どういう意味？
ユウキ　しらない。多分、たやまさんて人なんだと思う。
スミレ　そうなの？　なんか全然違うと思うけど……。

花火の音。

スミレ　花火、きれいだね。
ユウキ　うん。

見合って楽しそうに笑う2人。

ユウキ　スミレちゃんの、将来の夢って何？
スミレ　夢？　私はね、お花屋さん。
ユウキ　お花屋さんかぁ。
スミレ　うん。ここ、キレイなお花、たくさんあるから大好き。キレイなお花をみんなにプレゼントできる人になりたいの。
ユウキ　何て素敵な夢だ……。
スミレ　わたしの名前もお花の名前なんだよ。
ユウキ　『スミレ』だもんね！
スミレ　うん！
スミレ　あと、夢。もう一つあるんだ。
ユウキ　なにー？
スミレ　ユウキ君のお嫁さんになってあげること。
ユウキ　な……。

真っ赤になって顔を覆うユウキ。

ユウキ　ちょっと花火見ててください……。

その場から1回離れて落ち着くユウキ。

スミレ　ユウキ君は？
ユウキ　え？
スミレ　ユウキ君の夢は？

もじもじと照れ始めるユウキ。

ユウキ　え、それはちょっと、恥ずかしい。
スミレ　ずるい。自分から聞いたくせに。できたら、1番に教えてね。

逃げ出すユウキ。

スミレ　あ！　ユウキ君！

追いかけていくスミレ。

5　現在

○綺花町　帰り道　ユウキ（14）。スミレ（14）。

スミレ　ユウキ君さ、
ユウキ　ん？
スミレ　将来の夢、できた？
ユウキ　え？　夢？
スミレ　昔、話したの覚えてない？
ユウキ　……あ、ああ、何となく覚えてるよ。
スミレ　ホント？
ユウキ　うん、スミレちゃんは、花屋さんだったよね？
スミレ　すごい、良く覚えてるね！
ユウキ　あ、まあ、たまたまだけど。
スミレ　ふーん。
ユウキ　今は？
スミレ　今？　今も変わらないよ。誰かを元気にできるキレイなお花屋さんを将来作りたい。
ユウキ　へー。
スミレ　花言葉ってあるじゃない？　あれって面白いんだよね。私もさ、スミレって名前だから、どんな花言葉なのかな？って思って調べてみたんだ。
ユウキ　どういう意味なの？
スミレ　『誠実』、『謙虚』って意味があるんだって。
ユウキ　へー、スミレちゃんにぴったりって感じだね。
スミレ　え？

さらっと本音が出て後から恥ずかしくなるユウキとスミレ。

スミレ　ありがと。でもね、お花の色によってもまた意味が違うんだよ。
ユウキ　そうなんだ。
スミレ　ピンクのスミレは『愛』『希望』で、白いスミレは『あどけない……』『無邪気な……』。
ユウキ　……な？
スミレ　……恋。

視線をそらしてしまうユウキ。

ユウキ　へえ、そうなんだー。
スミレ　面白いでしょ？
ユウキ　そうだね。
スミレ　ユウキ君の好きな花は何？
ユウキ　え？　何だろう、……急に聞かれたても出てこないや。
スミレ　なんだ、つまんない。また今度教えてね。
ユウキ　うん。

スミレの後ろ姿を見つめるユウキ。

ユウキ　スミレちゃんはさ、何で花屋さんになりたいって思ったの？

スミレ　うーん、いつの間にかかな。この綺花町でたくさん綺麗なお花を見てたから、だから好きになったの。

幼少期のスミレ(9)が出てくる。現在と幼少期が交差する。

スミレ　小さい時にね、季節が変わるたんびに、いろんな形でいろんな色をした花があちこちで見れて、わくわくしてたの。『あ、道端にピンクのお花』学校に繋がる道には、『むらさき、白、オレンジ、紫、白、オレンジってならんでるよ！　きれいー』ってはしゃいでて、それで、学校の帰り道には、行きと反対側を見ながら帰るの。そうすると、隠れてたようにタンポポが『ひょこっ』としていたり、サルビアってお花の蜜吸って『あまーい』ってなったり。遊びながら帰ってた。

ユウキ　確かに、楽しそうにしてた。

スミレ　……この町に咲いているお花を全ておいている花屋さんて、素敵だろうなぁ。

様子がいつもと違うスミレに気付き始めたユウキ。

ユウキ　……スミレちゃん？

振り返らないスミレ。

スミレ　……ユウキ君。

ユウキ　？

スミレ　あのさ……私ね……。

ユウキ　うん。

スミレ　……ううん、やっぱりいい。また明日ね。

微笑んで去っていくスミレ。
陰から見ていたコトが現れる。

コト　あの子、スミレちゃんでしょ？

ユウキ　わっ。なんだよビックリした。

コト　可愛くなったねー♪

ユウキ　は？　何言ってんだよ。……てか、久しぶりじゃん、帰ってきたの。

コト　まあね。

ユウキ　ふーん……。

ユウキ　……やっぱり、学校なくなるから？

コト　……まあね。

ユウキ、辺りの景色をぼーっと見渡す。

コト　何、どうしたの？

ユウキ　なあ、姉ちゃんはさ、小さいころのことって覚えてる？

コト　え？……私は、はっきり覚えてるよ。

ユウキ　そうなの？

コト　うん。私にとって大事な時間で、大事な出会いだったからね。最初があまりにも衝撃的だったから、良く覚えてる。

6　出会い

○綺花町　学校（回想）　コト（9）、ヒカル（9）。

コト（9）が現れる。

コト（18）　ヒカルちゃんと出会ったのは小学校3年生の時。そのころの私は、クラスで1番大人しい存在だった。存在を消して、目立たないように目立たないようにやり過ごそうとしていた。そんな日常を変えてしまったのが、転校生として現れたヒカルちゃんだった。

ヒカル、猛スピードで現れる。

ヒカル　今日から転校してきました！　ヒカルって言います！　体力には自信があります！　足の速さには自信があります！　声の大きさには自信があります！　誰とでもすぐ仲良くなれます！　た、だ、し、弱い者いじめをするような人だけは大・大・大嫌いです！　宜しくお願いします！

コト（9）（18）同じような動きをしている。

コト（9）　びっくりしたー

コト（18）　一瞬でみんな心をつかまれた。だけど、そんなヒカルちゃんが最初に話しかけてきたのは、

コト（9）　え？

ヒカル　ねえ、次、体育だよね？　一緒に行こうよ！

コト（9）　……え、う、うん。

にっこり笑うヒカル。

ヒカル　良かった。行こう！

走り出すヒカルたち。

コト（18）　なぜか、私だった……。

しかし、急に立ち止まるコト。

コト（9）　どうしよう。みんなに見られてる。

ヒカル　大丈夫。怖がることなんかないよ。何にも悪いことなんかしてないでしょ？

コト（9） う、うん。

コト（18） 正直嬉しかった。みんな私なんて相手にしないのに、会ったばかりの私のこと信用してくれた。

あっちこっち飛び回るヒカル。

ヒカル 『ねえ、消しゴム貸してくれない？ ありがとう！』『あ、三角定規、落としたよ！』『体操着忘れたー』

信じられない活発さを見せるヒカル。ボケっと見ているコト。

コト（9） スゲェ……。

コト（18） ヒカルちゃんのパワーは、周りを惹きつけていく。

ヒカル（9） コトちゃん、次の体育も一緒に行こうね！

コト（9） うん！ ありがとう。

嬉しそうに笑うコト。しかし、すぐに表情が曇る。

コト（9） でも……、

ヒカル どうしたの？

コト（9） ……チョコちゃんが。

ヒカル チョコ？

コト（9） うん、チョコちゃんににらまれたら、みんな……。

○チョコ（9）とミント（9） イメージ。

チョコが派手に登場。

チョコ えー？ 気に入らなーい！ 気に入らなーい！ 何？ いきなりやってきて、急にクラスの中心になってんの？ このクラス、私が陰で仕切ってるんですけど！ このチョコ、通称『チョコちゃん』の前であんまり調子乗ってると私が黙っていないからね！ なんてったって、私、『番長』だから！

ミント よっ！ チョコ番長！ あ、私、チョコちゃんの友達のミントって言います

チョコ シーン変わりまーす。

一発手を叩くチョコ。

○教室 チョコ、ミント、コト、ヒカル。

チョコ、ヒカルのもとにミントとやってくる。

チョコ ヒカルちゃん。こんにちは〜。

ヒカル こんにちは！

チョコ 私ね、チョコ。みんなから『チョコちゃん』って呼ばれてるの。

ヒカル　ありがと！
元気だからすぐクラスの人気者になりそうだもんね！
チヨコ　じゃあ、楽しいね！　よかった！　ヒカルちゃん
ミント　へー、そうなんだー。
ヒカル　うん、すっかり！
チヨコ　新しい生活、慣れた？
ヒカル　チョコちゃんに、ミントちゃん。よろしくね。
ミント　私はミント。

表情が豹変するチヨコ。

チヨコ　っていうわけないじゃん！
ヒカル　え？
チヨコ　ちょっと、ヒカルちゃんとやら、転校してきてこのクラスに入ってきたばかりなのに、あんまり調子に乗られると困るのよねー。
ミント　困るのよねー。
チヨコ　あんたみたいなキラキラしたやつ、ウザイの。あんまり出しゃばらないでくれる？　あんまり大きな声出さないでくれる？　うるさいから。みんな迷惑してるの。
ミント　迷惑してるの。
チヨコ　ね？　コトちゃん。
ミント　ね？　コトちゃん。
コト　え？……あ……。
ヒカル　でもさ、今チョコちゃんも結構大きな声出してるよ？
チヨコ　私はいいの！　だってこのクラスの番長だから！
ミント　よっ！　チョコ番長！
コト(18)　小さい時って面白い。あの２人が怖かったんだから。
ヒカル　何？　番長って。

ヒカル、ケラケラと笑っている。

チヨコ　番長は番長！　私偉いの！
ヒカル　だから番長って何？
チヨコ　うるさい！　番長って言う偉い人なの！
ヒカル　何それ、おもしろい。
チヨコ　あんたね、気に入らない。私、気に入らない。このクラスで平和に生きていきたいなら、私に逆らわないことだね。
ミント　よっ！　チョコ番長！
ヒカル　嫌だ。従うとかよくわからない。
チヨコ　はぁ？　生意気言ってんじゃないよ。
ヒカル　全然生意気言ってないもん。イヤーだね。
チヨコ　は？　あっそ。じゃあ、しーらない。しらないから。いこ、ミントちゃん。
ミント　いこいこ。

チヨコ叫びながら去っていく。

チヨコ　何アイツ？　ムカつくんですけど⁉

急に静かになる教室。

コト(9)　スゲイ……

コト(18)　そんな衝撃デビューを果たしたヒカルちゃん。チョコちゃんのこと気にしないでいられた子は初めてだったから、なおさら周りのみんなの注目を集めていたんだよね。だけどそうするとチョコちゃんは案の定……。

再び登場するチヨコ。

チヨコ　気に入らない！　気に入らない～！

コト(18)　ってなるとは思っていたから、

チヨコ　へっへっへ～。

コト(18)　やっぱり不安だったんだ。

チヨコ　みーてーろーよー。

不安そうなコト(9)。

コト(18)　そして、事件は起きる。

○学校　帰りの会にて　コト、ヒカル、チヨコ、ミント(9)。

バラバラの席に座っている4人。

チヨコ　へー。ていうことは、このクラスから運動会のリレー選手を4人選ぶっていうことですよね？　それは中々大変ですね～。

ミント　大変ですね～。

チヨコ　でも、私、いい案があります。はい！(手を挙げる)

チヨコ、勢いよく立ち上がる。

チヨコ　リレーの代表選手の中の、最も大事な役、アンカーは、コトちゃんを推薦します！

コト　え？

ヒカルも反応する。

チヨコ　コトちゃんて、あんまりこういう、クラスでガンバローって時に参加してきていないと思うから、たまには中心になって頑張ったら、クラスもみんなも盛り上がると思います！　はい、どうでしょ～。

ミント　さすがチョコちゃん、考えることがおっとなー。よっ！　チョコ番……。

チヨコに遮られるミント。

コト　……。

チヨコ　反対の人がいないってことはみんな賛成なんじゃないですか？　他にいい案があったらそっちとも比べて考えたらいいと思いまーす。

ミント　よっ！　チョコ番長！(ささやき声)

コト　……。

チヨコ　コトちゃんは是非アンカーを走った方がいいと思います。最後の方がみんな一丸となって応援できるもんね！

逆らえない空気が漂い始める。

突然、ヒカルが素早い動きで手を挙げる。

ヒカル　はい！　賛成です！　いいと思います！

ミント　え？

チヨコ　え？

コト　え？

ヒカル　私も賛成ー！

ニヤニヤするチヨコとミント。

ヒカル　あ、あと！　私も立候補します！

チヨコ　なぬ？？

ヒカル　私も走りたい！　足の速さには自信があるんで！

チヨコ　正義のヒーローか。余計な真似をしおって。

ヒカル　あ、あと！

チヨコ　まだあんの？

ヒカル　リレーの選手って4人ですよね？　あと2人だから、チョコミントの2人も推薦します！

チヨコ　チョ、チョコミント？……ってか、は？　なんで？　は？

ヒカル　だって、こんな素敵なアイディア出してくれたんだから、盛り上げるために、自分たちも一緒にやった方がもっと盛り上がるもんね？　人数もぴったり。それにチョコミントの2人、足速いし！

チヨコ　は？　マジ何言ってんの？

ヒカル　反対の人がいないなら、賛成ってことでいいんだよねー？　チョコミントがさっき言ってた通りなら。

チヨコ　チョコミント……。

無反応の周りを見渡すチヨコ。

ヒカル　はい、決まりー！

チャイムが鳴る。怒りに震えるチヨコ。

チヨコ　きさまー。私にこのクラスで逆らうなんて、あんた生きていけないよ！

ヒカル　逆らってなんかいないよー逆らうって何？

チヨコ　あんた絶対許さないからね、今度とんでもない目に合わせてやるんだから！　あんたの友達なんか、きっと周りからいなくなるんだからね。
ヒカル　とんでもないこと？　例えば例えば？
チヨコ　え？　そんなのー！　いっぱいだよ。いろんなことだよ！
ヒカル　いっぱいって？
チヨコ　いっぱいだよ！　いっぱい！
ヒカル　何が起きちゃうんだろー。
チヨコ　えっと、あ！　あんたの給食のデザートが一生届かないようにしてやるんだからね！
ヒカル　えー、そんなことしないでよー、チョコミントちゃん♪

颯爽といなくなるヒカル。

チヨコ　その呼び方ヤメロー。
コト　私何もしていないうちに……決まってしまった。あの3人は怖すぎる。
コト(18)　その日から、私とヒカルちゃんで練習が始まった。私は、運動は全然得意じゃないのに……。

○学校　放課後　校庭

ヒカルが着替えてやってくる。

ヒカル　さあ！　練習するぞー！って、コトちゃん、そんな格好じゃ動けないぞ！　汚れるし、着替え持ってこないと！
コト　……はい。

遠くに誰かを見つけたヒカル。

ヒカル　あ！

走っていくヒカル。そこにはチョコミントの姿。

ヒカル　へいへいチョコミントのお2人さん。何を帰ろうとしてるんだい。一緒に練習やればいいじゃん。
チヨコ　は？　なんで私がやらなきゃいけないわけ？
ミント　わけ？
チヨコ　ばからしい。
ヒカル　コトちゃんは頑張ろうとしてるよ。誘ったんだから一緒にやればいいじゃん。
チヨコ　別に誘ってないし。勝手に決められただけだし。
ヒカル　コトちゃんは？
チヨコ　……ふん、しらないし。

帰ろうとするチョコミント。

ヒカル　はー、なーるほどね、怖いんだ。
チヨコ　は？
ヒカル　いざやって、自分が走って、負けちゃうのが怖いんだ。あー、そういうことか。
チヨコ　は？
ヒカル　自信ないんでしょー。
ミント　そんなことないもんね！　チヨコちゃんすごい速いんだからね！
ヒカル　じゃあ負けられないね！　番長が逃げるわけないもんね、負けるわけないもんね！
チヨコ　は？　何わけわかんないこと言ってんの？　ミントちゃん、帰るよ。
ミント　え？　いいの？

いなくなるチヨコミント。
コトのもとに戻ってくるヒカル。

コト　……強いね、ヒカルちゃんは。かっこいい。
ヒカル　そんなことないよ。おかしいことはおかしいって言わないと。でもそれは、わたしだから言えるってことじゃないよ。コトちゃんにもできること。
コト　そうなのかな……できる気なんかしないなぁ。
ヒカル　それにね、あのチヨコミントちゃんたち、私はそんなに悪い人たちじゃないと思うんだ。
コト　え？
ヒカル　いつの間にか、周りと自分たちのキャラが出来上がってしまったところもあって、誰も喋らなくなっちゃっただけかもしれないよ。本当の自分でぶつかり切れていないだけで、実はもっとみんなと普通に喋りたいかもしれない。ツンデレみたいなもんでさ。だから私はチヨコミントちゃんとケンカをしたいわけじゃなくて、一緒にリレーの練習できるチャンスがあるのが嬉しいの。もしかしたら、これからすごく仲のいい友達になれるかもしれないし。そうなったらさ、面白いと思わない？　予想できなかったことだし、ワクワクしない？　人生ってさ！　そうやって安全な逃げ道を探していくばかりでなく、常にリスクを伴うことで大きな成果が出ると思わない？
コト　ごめん、最後の方よくわかんない……。
ヒカル　とにかく、楽しくいられた方がいいじゃん。自分も、その周りも。
コト　……ヒカルちゃんってホントに9歳？
ヒカル　そうだよ！
コト　スゲイ。
コト(18)　次の日の練習では、早速ヒカルちゃんの言ってる通りになり始めた。
ヒカル　よーし、練習始めよー！
チヨコミント　ちょーっと待ったー！

派手な練習着で現れるチヨコミント。

チヨコ　仕方がねぇ、そのしょうもない練習、付き合ってあげようじゃない。この番長が！　どうせコトちゃんが足引っ張るんだから、私たちがもっと速く走って貯金作らないといけないでしょ？
ミント　よっ！　チョコ番長！
コト　……ありがとう。
チヨコ　お礼を言われる筋合いもないけどね。
ヒカル　さ、チョコミントも一緒に練習しようー！
チヨコ　その呼び方やめんかーい。

コト(18)　一生懸命練習した。だから、上手くいかなくても、早く走れなくても楽しかった。そして、本番を迎える。

準備運動を入念に行うヒカル、チョコミント。
コトだけは蹲って動かない。

コト　……ううう、緊張する……。
ヒカル　大丈夫。ただ走るだけだよ。
コト　立てない……。

そこに、チヨコがやってきて、不愛想に手を伸ばす。

コト　え？
チヨコ　ほら、始まるよ。アンカーが走らないとゴールしないんだからね。

ぐいっと起こされるコト。

ヒカル　コトちゃん、任せといて！　絶対1位で帰ってくるから。

スタートラインに低く構えるヒカル。
スタートの銃声。
ヒカルがその場で全力で走り始める。

コト(18)　ヒカルちゃんはほんとに早かった。スタートの瞬間から抜け出して気持ちよさそうに走ってる！　気持ちよさそうに走ってる！　断トツの1位で帰ってきた！
ヒカル　バトンたーっち！

バトンを受け取るミント。

ミント　ミント出発！
コト(18)　2番目のミントちゃんも速い。リズミカルに走って、リズミカルに走って、差を広げる。またしても1位で帰ってきた！
ミント　バトンたーっち！

バトンを受け取るチヨコ。

チヨコ　番長行くぞオラぁ！
コト（18）　3番目のチヨコちゃんは、地鳴りがするみたいに走り始めた。怖いけど、速い。怖いけど、速い！
チヨコ　オラぁああああ！
コト（18）　鬼のように怖いけど、速い！　差はどんどん広がっていく！
チヨコ　番長なめんなー！
コト　私の番。どうしよう、どうしよう、ホントに1位で帰ってきちゃった。どうしよう
ヒカル　コトちゃん、大丈夫！　思いっきり！
コト　う、うん。
チヨコ　バトンたーっち！

バトンを受け取ったコト。一瞬躊躇するが、意を決して走り出す。

コト　うわあああああ。
ヒカル　いけー、頑張れーコトちゃーん。
ミント　頑張れー！

大声で応援するヒカルとミント。チヨコは座り込んで息を整えながら見つめている。

ヒカル　いけー！
ミント　がんばれー！
ヒカル　馬鹿力ー！

応援するヒカルとミント。走るコト。
しかし、コトは懸命に走りながらも途中でこけてしまう。

ヒカル　あ！　コトちゃん。
ミント　立って！
コト　やっぱり、わたしには無理だ。できないよ。せっかく1位だったのに、私のせいで。

半泣きのコト。
すると、様子を見つめていた番長が立ち上がる。

チヨコ　行けえええええ！　頑張れーーーーー！

一瞬ビックリしてチヨコを見るヒカルとミント。
すぐに、より大きな声で応援を始める。
コト、立ち上がり振り返る。後ろには既に誰も居ない。
何とかよろよろとゴールまで向かう。
ゴールには3人が待ち構えていて、コトを抱きしめる。
ニコニコ笑っているヒカル。
感動しながらもはしゃぐミント。
何故か1番感動して号泣しているチヨコ。

暗転。

7 影響

○夏祭り　学校　校庭(回想)　コト(13)、ヒカル(13)。

夏祭りに来ていたコトとヒカル。
花火を見ている。
花火の音。

コト　あの運動会、たぶん、一生忘れないと思う。
ヒカル　そうだね。番長のあの顔も。(笑)
コト　でも、ヒカルちゃんの言った通りになったなぁ。チョコミントちゃんたち、最初は怖くて話もできないでいたけど、あれからまさかこんなに仲良くなるとは思わなかったもんね。
ヒカル　楽しかったことってさ、人と人が繋がるんだと思うの。それに、思い出ってずっと残ってるんだよね、やっぱり。チョコミントちゃんと仲良くなれたのも、言いたいこと言えたからだと思うし、コトちゃんがあそこで走りきる勇気があったからこそたと思う。
コト　勇気なんて、ヒカルちゃんに比べたら……。っていうかそんな冷静に分析してヒカルちゃんてホントに中学生？
ヒカル　そうだよ！

笑いあう2人。
花火が上がる。

ヒカル　お〜。
コト　きれいだね〜。
ヒカル　きれいだね〜。
コト　私さ、小さい時に、仲良い友達とケンカして、「もう口きかない」ってなったことがあってね、しばらくそのままでいたら、2度と会えなくなっちゃって……。そのモヤモヤがずっと残ってて……だからね、私は、言いたいことはその場で絶対言うんだって決めたんだ。
ヒカル　……ヒカルちゃん。

少しの沈黙。ヒカルが暗い空気にならないように話題を変える。

コト　あ、コトちゃんコトちゃん、見て！　あの子。
ヒカル　え？
コト　ほら、あそこあそこ！
ヒカル　あ、

ユウキ(9)とスミレ(9)がいる。

ユウキ　たーやまー！　たーやまー！

ケラケラと笑っているヒカル。

ヒカル　あははは！　何あの子！　可愛くない？『たー

やまー』だって。

コト　ユウキ……。

ヒカル　え？　どうしたの？

コト　いや、ごめんあの子、うちの弟。

ヒカル　え？　嘘？　あの『たやま君』コトちゃんの弟？

コト　うん。

ヒカル　女の子と一緒じゃん。花火デート？

コト　どうだろ。（笑）

キタカゼ(13)とタイヨウ(13)がユウキとスミレの前に現れる。

キタカゼ　おーい、ぼうず。

タイヨウ　なんかいいもんもってんじゃんか。

ユウキ　え？

スミレ　え？

タイヨウ　それだよそれ、いっぱい取ってきたんだろ？

キタカゼ　ちょっと見せなよ。

ようやく事態に気付いたユウキとスミレ。スミレは怖くなって後ずさり。それを見たユウキがとっさにスミレの前に出て手を広げて守ろうとする。

ユウキ　……ダメ！　これ僕がスミレちゃんのために取ってきたの！

キタカゼ　『ダメ！　これ僕がスミレちゃんのために取ってきたの！』（真似して）

タイヨウ　ウケる。（周り見て）大丈夫だよ、さっき親あっち行ったばっかりだから。

キタカゼ　見せなよ。

ユウキ　ダメだよ。

タイヨウ　うるさいな、泣かすぞ？

ユウキ　ダメだってば！

キタカゼとタイヨウが景品を奪っていく。タイヨウがスミレの持っていた花火に気付く。

タイヨウ　あ、花火あんじゃん！

キタカゼ　お！　いいね、やろうよ。

キタカゼ、スミレから花火を奪う。必死に食い下がるユウキ。

ユウキ　これはだめ！　この後僕らがやるんだから！

タイヨウ　うるさいな、しつこいぞ。

キタカゼ　代わりにこれやるよ。

レンジャーマスクをユウキに被せる。

キタカゼ　親に言うなよ。

2人　はははは！

笑いながら去ろうとするキタカゼとタイヨウ。

急に聞こえる怒号。

ヒカル　ぐぉらあああああああああ！

コト　ちょっと待てーーーー！

ヒカルとコトが駆け込んでくる。あまりの勢いにキタカゼとタイヨウはびっくりして立ち止まる。

ヒカル　待て待て待てさえない男子！　何小さい子掴まえてたかってんのよ。みっともない。

固まっているキタカゼとタイヨウ。

コトも怒りで震えている。

ヒカル　ぼさっとしてないで座りなさいよ。

ゆっくりヒカルの前に普通に座る2人。

ヒカル　正座だよ！

慌てて正座する2人。

ヒカル　まさかクラスメイトのキタカゼとタイヨウだとはね。恥ずかしいと思わないわけ？　こんな小さい子イジメて物奪ったりして。あんたらさ、クラスの中じゃ普段おとなしーくしてるくせに、陰では小さい子たちにこんなことしてんの？　ホンっと最低だね。どうしてそんな発想が出るのかがまずわからないし、根性が信じられないんだけど。しかもさ、親が離れた隙をわざわざ見計らってきたでしょ？　みっともない。ていうか最後さ、『親に言うなよ』って言ったよね。どういうつもりで言ってんの？　なんであんなセリフをかっこよく言えるの？　すっごいダサいからね？　すっごいカッコ悪いからね！　この子たちの楽しいはずだった時間を奪って自分たちは楽しいわけ？　あー、恥ずかしい！

完全にシュンとなるキタカゼとタイヨウ。

ヒカル　分かってんの⁉

2人　は、はい！

ヒカル　じゃあ、さっさと返していなくなって。

2人急いで帰ろうとする。

コト　またやったら絶対許さねぇからな‼

コトの大きい声にびっくりする全員。

コト　さっさと帰れよ！

キタカゼ　は、はい！

キタカゼとタイヨウが逃げていく。

ヒカル　……。

コトの声にびっくりしていたヒカルだったが、
ユウキとスミレの空気を感じて話し出す。

ヒカル　（スミレに）はい。ごめんね、大きな声出して。

ヒカル　（ユウキに）ユウキ君ていうんだ。うん！　名前の通り勇気あってかっこいいぞ。偉かったね。ちゃんと守ってあげたんだ。お姉ちゃんも、ユウキ君守ってくれたよ。

ユウキ、我慢していた緊張が途切れて号泣しだす。

ユウキ　ぐうううう……あ・り、……がとう……。

ユウキ、コトのところに走っていく。

ユウキ　あ、ありがとう……！

頭を撫でてやるコト。
ヒカル、コトの方を見て笑う。コトは少し恥ずかしそうにしている。

○現在　ユウキ（14）とコト（18）。

コト　あの頃はユウキも可愛かったなあ。

ユウキ　覚えてないね。

コト　嘘ばっか、一生懸命スミレちゃん守ろうとしてたじゃない。

ユウキ　……。

コト　私もね、ヒカルちゃんのおかげで変わったんだよ。

ユウキ　……。

コト　小さいことばっか気にしてたら言いたいこと言えなくて、伝えたいこと伝えられないかもしれない。1番大事なタイミングを逃して後悔するかもしれない。だったら、後悔する前に先に行動しちゃえって開き直るきっかけを、ヒカルちゃんがくれたのかもね。

ユウキ　……ふーん。

コト　まだ小さかったけど、そっから楽になって学校も楽しくなったんだよね。1番仲良くならなそうな人と仲良くなったし。（笑）

ユウキ　……。

コト　ユウキも、黙って考えてるだけで終わらせないことだね。

ユウキ　……。

コト　なーんて。姉ちゃんちょっと偉そうなこと言ってみる。さて、私、久しぶりだから、ちょっと散歩してから帰るね。

歩いていくコト。

ユウキ　……姉ちゃん。

コト　？

ユウキ　……ありがと。

コト　……気持ちわるっ。

といいつつ、優しい笑みを浮かべて去るコト。

○イメージ　ユウキ。

ユウキ　何かが引っかかって、ソワソワしていた。……僕はすごく不安な気持ちのまま、過ごしていたんだ。

○学校　カナミとユウキ。

響く蝉の声。
カナミがユウキのもとへやってくる。

カナミ　ユウキ？

ユウキ　ん？　あ、カナミ。

カナミ　なに黄昏てんのよ。

ユウキ　ああ、別に。

沈黙、

ユウキ　……なに？

カナミ　ユウキさ、聞いてない？

ユウキ　……え？

カナミ　……やっぱり、知らないのか。

ユウキ　え？　何が？

カナミ　……。

○イメージ　スミレ。

スミレ　……ねえ、あのさ………聞いてくれる？

ドキドキするユウキ。大きくなる蝉の声。
カナミが話し始める。驚いた表情で固まってしまうユウキ。
背を向けたユウキに話しかけようとするカナミ。

暗転。

ユウキ　僕は、何もできないまま、今日を迎えていたんだ。

8　記憶

○綺花町　学校　校庭（現在）　コト（18）、ヒカル（18）、チョコミント（18）、キタカゼ（18）、タイヨウ（18）。

ヒカルとコト、キタカゼとタイヨウが思い出した様子。

ヒカル　もしかして、キタカゼ君？
キタカゼ　そうです。
コト　じゃあ、こっちは、タイヨウ君？
タイヨウ　そうです。
ヒカル　あー！　やっぱりね！　そうじゃないかと思ったよ。

ヒカル、近づいていく。ビビッて正座するキタカゼとタイヨウ。

キタカゼ　あ、あの、そ、その節は大変ご迷惑をおかけしました！
タイヨウ　申し訳ございません、でした！
チヨコ　え？　どういうこと？
ミント　意味が分からない。
コト　ああ、あのね、
ヒカル　この人たち、中学の時、まだ小さいコトちゃんの弟をイジメてたんだよ花火取り上げちゃって。ユウキ君なんて泣きながら抵抗してたんだから。最低じゃない？
ミント　やば。
チヨコ　ちっちゃい子イジメるとか
チヨコ　最低。
ミント　最低。

激しく同意するチョコミント。

2人　そのことは、もう、本当に反省しています！
チヨコ　ていうかさ、あんたら名前さっき何て言った？
キタカゼ　キタカゼです。
タイヨウ　タイヨウです。
チヨコ　2人合わせて？
2人　キタカゼとタイヨウです。

チヨコ無言で爆笑。

チヨコ　ウケる。ほら、どっちがコートを脱がせますか？(笑)
ヒカル　うわ、出た番長。
キタカゼ　そんなこと言わなくてもいいでしょ！
チヨコ　なに？　急に怒り出したんだけど。気持ちわる。
キタカゼ　(怒って)じゃあ、あなたたちは名前何て言うんですか？
チヨコ　チヨコ。
ミント　ミント。
タイヨウ　チョコミントじゃん。
チヨコ　はぁ!?
キタカゼ　ほら、俺らのこと言えないじゃん！　嫌ならイジるのやめてよね！
チヨコ　別にイジってないし。被害妄想やめてくれる？キタカゼさん。

キタカゼ　バカにしないでよ！
タイヨウ　まあまあ落ち着けよカンタロウ。
チヨコ　カンタロウ？　名前カンタロウだったっけ？
キタカゼ　そうだよ。
チヨコ　名字は？
キタカゼ　キタカゼ。
チヨコ　フルネームは？
キタカゼ　キタカゼカンタロウ。
チヨコ　すごいじゃん。ハイ歌って？　せーの。
キタカゼ　キタカゼ〜こぞう〜のカンタロウ♪
チヨコ　カンタロウー！
キタカゼ　遊ぶなー。
チヨコ　めちゃくちゃおもろいじゃん！　友達になろうよ！
タイヨウ　どういうこと？
キタカゼ　わかんない。モテてるのかな？
チヨコ　バカヤロウ。
ヒカル　気が合ってる……。
チヨコ　よし、キタカゼカンタロウ君。私は、君を気に入った。一緒に花火を見ようじゃないの。
コト　意気投合した。
ミント　ホントだ。
キタカゼ　してないよ！　なんで？
チヨコ　まあいいじゃない。ね？　いいよね？　一緒に見ようよ。
ヒカル　うん、いいよ！
キタカゼ　え？　いいの？
チヨコ　ヒカルちゃんは過去とか細かいことにこだわらないんだよ、器がでかいの。わたしと違って。
ミント　認めた。
キタカゼ　あ、ありがと……。（照れ）
コト　２人も、今日のために？
タイヨウ　あ、まあ、
キタカゼ　俺らにとっても一応思い出の場所だから……。
ヒカル　へぇ、そういうとこあるんだ。
チヨコ　ま、綺花の最後の夏祭り、楽しもうじゃないの！　いい場所取ったから、君らもここで一緒に見たらいいよ、花火。
キタカゼ　いいの？　ありがとう。
チヨコ　はい！　ということで、しばらくここの場所取りお願いね。私ら久しぶりに探検したいから。
２人　え？
チヨコ　よろしくね！　よしみんな行こう！

チヨコに連れられて出ていく４人。

キタカゼ　そんな〜、
タイヨウ　あ〜あ。まんまとはめられてんじゃん。
キタカゼ　まぁいい場所取れたしいいか。
タイヨウ　ポジティブだな。
キタカゼ　……あ、なあ、あれ。

少し離れたところにユウキとスミレを見つける。

小さく鳴る雷。

○校庭　ユウキとスミレ。

スミレ　……ねえ、あのさ……、
ユウキ　……ん？
スミレ　……話したい事、……あったの……。
ユウキ　……うん、
スミレ　……聞いてくれる？
ユウキ　……うん。
スミレ　私ね、この町が……好き。
ユウキ　……。
スミレ　街に咲いているお花、通学路、学校、友達。全部が好きだったの。

突然、雨が降り始める。
つられて空を見上げる２人。
強くなる雨音。
次第にない雷鳴とともに大雨になっていく。

○屋根の下。

キタカゼとタイヨウが駆け込んでくる。

キタカゼ　うわー、急に降ってきたー。
タイヨウ　ホントだよ、なんでだ？

ヒカルたちも入ってくる。

ヒカル　きゃー。
ミント　やばいやばい。
チヨコ　あ。
キタカゼ　お先です。
チヨコ　あんたら、場所取りは？
キタカゼ　え？　いや、無理でしょ！

スミレとユウキも入ってくる。
それぞれが空をのぞき込むように見ている。

チヨコ　すごい雨。
ミント　通り雨かな？
チヨコ　じゃなきゃ困る！

スミレを見るユウキ。
スミレは空を見上げている。
ゆっくり外に出ていくユウキ。雨に打たれながら見上げる。

ユウキ　……。

全員が雨を見つめ無言になっている。

暗転。

9　決心

○綺花　屋内　ヒカル、コト、チヨコ、ミント。

ミント　チョコちゃん。

スマホを見ながら答えるチヨコ。

チヨコ　……中止かもしれないって。花火。
コト　え？
チヨコ　あれから1時間近くこの調子だから。校庭に出す屋台なんかもやめちゃうかもって。
ミント　そんな……。
コト　……。
チヨコ　クッソぅぅ天気予報め……よりによってこんな大事な時に外してくれたら許さんぞー。
コト　……。
チヨコ　私、ちょっと様子見てくるわ。念を送ってくる。
ミント　あ、私も。

出ていくチヨコミント。

ヒカル　……こんなに急に降ってくるとはびっくりしたね。
コト　そうだね。
ヒカル　でも大丈夫！　この花火大会、雨で中止になった記憶はない！
コト　……うん。

キタカゼとタイヨウがやってくる。

キタカゼ　ねえ、
ヒカル　あ、キタカゼとタイヨウ。
コト　濡れなかった？
タイヨウ　うん、
キタカゼ　さっきあそこにいた中学生っぽい子って、もしかして、
コト　あ、私の弟だよ。
ヒカル　あの花火の子たちだよ。
タイヨウ　やっぱり、
キタカゼ　そうなんだね。
コト　あの子たちも、雨降ってきてショックだと思う。
キタカゼ　……。

○学校屋内　スミレとユウキ。

外の雨を残念そうに見ながら話す2人。

スミレ　私、引っ越すの。……もうすぐ。
ユウキ　……。

スミレ　……。
ユウキ　……聞いた。
スミレ　……ごめんね……言おうと思ってたんだけど……、
ユウキ　……どっかで嘘なんじゃないかって思ってた。……ホントなんだね。
スミレ　……うん。お父さんが仕事で東京に行くことになったの。
ユウキ　東京……。
スミレ　本当は、皆と同じように、中学を卒業するまでここにいられるはずだったんだけど、私たちの卒業より先に学校がなくなっちゃうから……。
ユウキ　……。

スミレ、泣き出しそうなのをこらえながら喋っている。

スミレ　だから、……高校受験の……ためにも、……なるべく早く引っ越して……早く慣れないとねって……。
ユウキ　……。
スミレ　どうしよう。私、すごく行きたくないなあ。
ユウキ　……。
スミレ　綺花の花火も見れるの最後だったのに。
ユウキ　……。
スミレ　……ついてないなぁ。残念……。（自分の浴衣を見て）張り切りすぎちゃったなぁ。

迷っていたが、意を決してスミレの前に立つユウキ。

ユウキ　スミレちゃん。
スミレ　……はい、
ユウキ　俺、何か、うまく説明できないけど、
スミレ　うん、
ユウキ　スミレちゃん、いなくなるの、……寂しいと思ってる。
スミレ　え？
ユウキ　いなくならないで。
スミレ　……。
ユウキ　……って無理なこと言った。ごめん。
スミレ　ユウキ君。
ユウキ　俺、今日の花火、本当に楽しみにしてたんだ。
スミレ　……。
ユウキ　小さい時みたいにさ、2人で見れるかなぁって期待してて……だから、残念なんだ……。
スミレ　……私も。ユウキ君とみるのを楽しみにしてたんだよ。
ユウキ　え？
スミレ　私ね、あの時のこと、今でもよく思い出すんだよ？　花火がキレイに上がって、そのたんびにユウキ君が『たーやまー』って叫んで、あれおっかしかったなーって。
ユウキ　……全然意味わかってなかったからなぁ。

少しの沈黙。

スミレ　え？

ユウキ　……浴衣、似合ってるね。

スミレ　？

ユウキ　……スミレちゃん、

お互いに恥ずかしくなってしまう。

スミレ　……あ、ありがとう。良かった。……ユウキ君、元気でいてね。

ユウキ　……うん、スミレちゃんも。

スミレ　うん。

ユウキ　……夢。叶えてね。

スミレ　うん、ありがとう。

ユウキ　楽しみにしてる。

スミレ　……もう一つ……変わらない夢……あるんだけどな？

ユウキ　え？

お互いに恥ずかしくなってしまう。
そこへ、ゴウとカナミが入ってくる。

ゴウ　おーい！

スミレ　え？

ゴウ　雨が、雨が、止んだぞー！

ユウキ　え？

カナミ　あんたキャラブレし過ぎだからね、怖いんだけど。

ゴウ　(キャラ戻って)いいじゃないか。さ、行くぞみんな！

カナミ　もうー。

出ていくゴウとカナミ。

スミレ　外に行こ？

ユウキ　うん。

○学校屋内　コト、ヒカル、チヨコ、ミント、キタカゼ、タイヨウ。

チョコミントが戻ってくる。

チヨコ　見た？　私の念が絶対届いたね。『このやろ～』って。

ミント　チョコちゃん空に向かって脅しかけてたからね。

タイヨウ　あの～、皆さん、

ヒカル　どうしたの？

キタカゼ　もしよかったら、

2人　皆で花火やりませんか？

リュックから花火を取り出す。
チョコミントが突然合流する。

チヨコ　おー！　めちゃくちゃ準備いいじゃん。君、気に入った。私、気に入った。

ミント　気に入られた。

ヒカル　また小さい子から取り上げたりしたんじゃないでしょうね？(笑)

キタカゼ　違う違う。もうそんなこと絶対しない！

タイヨウ　うん。

キタカゼ　俺らもからかわれたりバカにされたりすることばっかりだったから、自分たちより弱い人に当たりに行っちゃってた。意味もなく気持ち悪いとか言われるから頭に来ちゃって。今考えたらみっともないし恥ずかしい。反省してる。でも、今は子どもたちがすごくかわいくて。可愛さが分かってくると、あの時花火を奪った子たちの顔がすごく鮮明に出てきちゃって。だから何でかわかんないけど花火持ってきちゃってたんだ。俺ね、実は学校の先生になりたくてさ、少しでも正しいことができるようになりたいんだ。

キタカゼ　……あ、すみません、急に語ってしまいました。

チヨコ　いや、何にも知らないのに私も気持ち悪いとか言ってゴメン。そういうとこ直さないといけないんだよなー。

ヒカル　私も口の悪いところはごめんね。結構かっこいいところあるんだね。キタカゼ小僧のカンタロウ。

キタカゼ　ひゃっ……、

チヨコ　照れるな。（ひっぱたく）

キタカゼ　いて。

タイヨウ　じゃ、カンタロウ、準備しよう。

キタカゼ　あ、こっちの準備お願いできる？　俺、ちょっとだけ用事すましてくる

タイヨウ　え？　ああ別に構わないよ。

キタカゼ　ありがとう。よろしく。

キタカゼとタイヨウ、別々に出ていく。

チヨコ　あ！　ねえ、見て見て！　外の体育倉庫にこれあったよ！

バトンを出すチヨコ。

ヒカル　うわー、懐かしい！　あの時のかな？

コト　そうかな？

ヒカル　ていうか、勝手に入ったの？

チヨコ　だって鍵開いてたんだもん。

ヒカル　開いてたらいいんだ。

ミント　さすが番長。

チヨコ　はい。バトンたーっち。

バトンを受け取って、眺めるコト。

ヒカル　番長の走り方いつ思いだしても面白いよね？　ズシンズシンって。
ミント　あれで速いから。
チヨコ　いや、そんなん言うけどみんな走り方独特だったからね？

盛り上がって笑いあう3人。コトは1人、受け取ったバトンを見つめている。

ヒカル　コトちゃん？
コト　私が転んじゃって、結局ビリだったなぁ。
ヒカル　……。
コト　あの時は、みんな、速くて、羨ましかった。私もみんなと同じように輝きたかったんだよね、きっと。
チヨコ　最後まで走り切ったじゃん。
ヒカル　謎の号泣でチョコちゃんが走り切った人みたいになってたけどね。
チヨコ　あれ、そうだっけ？
ミント　懐かしいね。
チヨコ　名前が変えられたって、学校がなくなったって、私たちのこの街、なくならないよ。だって、私たちの中にずっと残ってるもん。思い出、この景色、この学校。友達。絶対なくならないよ。
ミント　チョコちゃん……。

大きく息を吸うチヨコ。

チヨコ　ありがとーーーーーーーーーーーーー！
ミント　ミント出発！
チヨコ　よし！　ミントちゃん、行くよ！　バトンたーっち！
チヨコ　番長行くぞおらぁああああ！

チョコミント、勢いよく走り去る。

ヒカル　変わらず面白い2人だ。
コト　うん。
コト　……ヒカルちゃんはさ、高校卒業したらどうするの？
ヒカル　私？　私は、大学でも陸上頑張ってみたいんだ。もっと高いレベルを目指してみたい、って思ってる。
コト　ヒカルちゃんはいつも分かりやすくてカッコイイなぁ。

○回想　綺花　校庭　ヒカル(13)、コト(13)。

ヒカル　え？
コト　ヒカルちゃんは、いつも分かりやすくてかっこいいなぁって。初めて会った時からさ、弱い者いじめをする人は大っ嫌いって大声で言ってたもんね。
ヒカル　そうだったっけ。

コト　うん、私、びっくりしたもん。でも、本当にそんな人を前にして、迷いなく動くから、すごいなって。
ヒカル　この間のコトちゃんもそうだったじゃない。びっくりしたよ。
コト　私も、自分でびっくりした。あんなに大きな声出したことなかったから……ユウキはもっとびっくりしたみたいだけど。
ヒカル　そこに関しては、私もゴメン。（笑）怖がらせちゃった。
コト　ううん。
コト　花火を見てて、楽しいなと思えるようになったのは、ヒカルちゃんと見るようになってからなんだよ。それまで毎年一人でぼーっと見てたけど、別に楽しいなんて思うことはなかったかな。ヒカルちゃんが思ったことを言うから友達になれたんだって。楽しいことも生まれるようになったんだって。だから、わたしも、わたしなりに、誰かの後ろに隠れてばかりいないで、思ったことは行動するようにしてみようと思う。

笑いあう2人。

○現在　コト(18)、ヒカル(18)。

ヒカル　コトちゃんは？　どうするの？
コト　私もね、なるべく遠くの大学に行ってみたいと思ってる。
ヒカル　そうなんだ。
コト　うん、私は、具体的にこれをやりたいってものは、まだないんだけど、もっと、いろんな場所で、いろんなものを見てみたいなと思う。うーん、上手くは言えない。でも、自分がどんなことができるのか、チャレンジしてみたい。ヒカルちゃんに出会わせてくれた、こんな風に思わせてくれた、この街が、好きなんだなって思うから、そこを離れてみる。そしてまたきっと戻ってくる。

笑いながら、涙をこぼしていたコト。

ヒカル　コトちゃん。
コト　花火も大事なんだけどさ。でも今の私には、皆と会えたことが良かった。
ヒカル　うん。

外へ駆けだすコトとヒカル。

ヒカル　行こ！
コト　うん！

10　勇気

○綺花　校庭　スミレとユウキ。

外に駆け出てきたスミレとユウキ。

スミレ　ホントに止んでる……。
ユウキ　うん。……スミレちゃん。
スミレ　何？

緊張でうまく喋り出せないユウキ。

ユウキ　……えっと、さ。笑わないで……聞いてくれる……？
スミレ　うん、
ユウキ　……俺の……夢……。
スミレ　うん。
ユウキ　花屋で働く、スミレちゃんに会いに行く……。
スミレ　……え、
ユウキ　俺の夢、伝えに行く。
スミレ　……。
ユウキ　……夢ができたら1番に教えるって約束は守りたいから。
スミレ　……ユウキ君、ちゃんと覚えててくれたんだ。
ユウキ　え？　あ、まあたまたまだけどね。
スミレ　ふふ、たまたまなの？

じっとユウキを見るスミレ。

ユウキ　な、なんだよ。ちょっとあんまり見ないで。

スミレ　ねえユウキ君、
ユウキ　え？

花火を取り出すスミレ。

スミレ　花火しよ？
ユウキ　どうしたの？　それ。
スミレ　えっとね、さっき、外出てくる前に高校生っぽい人がくれたの。
ユウキ　え？
スミレ　何かピンクのマスク被ってたから、変な人だなって思ったんだけど、『これ、ユウキ君と一緒にやって』って言われたから、怪しい人じゃないのかなと思って。
ユウキ　……。（考えている）
スミレ　昔、ユウキ君が景品で取ってきてくれたのと似てるね。
ユウキ　……そうかも、
スミレ　あの時のユウキ君の背中、良く覚えてるよ。
ユウキ　……怖がってただけでしょ。
スミレ　ううん、かっこよかったよ。
ユウキ　……そう？
スミレ　うん。

○綺花　校庭　コトとヒカル。

コト　またいつか、ここで会おうね。

ヒカル　そうしよう！　またここでリレーしよう！

コト　走るのは苦手だな～。でも、いっか。

コト　ヒカルちゃん、いつも私のとなりにいてくれて、ありがとう。

ヒカル　こちらこそ！

花火の打ち上がる音。

ヒカル　あ、コトちゃん、見て！

大きな花火の音が響く。
音につられて皆が現れ始める。
それぞれの世代が花火を見上げている。

ユウキ　……スミレちゃんが昔言った、もう一つの夢。

スミレ　え？

ユウキ　忘れてないよ。……俺も同じだから。

ゆっくりとスミレの手を握るユウキ。
暗転。
一際大きい花火の音が鳴る。

ユウキ（9）　たーやまー！

了

物語が始まる

作・板垣珠美／原案・厚木市立睦合中学校演劇部

登場人物

朱音　中1。親の都合で転勤、前の学校での嫌な思い出からここでは、絶対親友を作ろうと思っている。

楓　中1。何事も歯に衣を着せずに発言するので、頭は良いのだが、クラスでの信任は薄い。紅葉の幼馴染。

紅葉　中1。何事にも受け身。その他大勢的な立場で、目立たない。まじめでおとなしい。楓の幼馴染。

清香　中3。部活の先輩。形だけで在籍する子が多い文化部で、自分のやりたいことを見据えている芯の強さがある。

姫乃　中1。インフルエンサー。クラスのまとめ役で、口にする評価がクラスを動かすことが多い。

来未　姫乃の幼馴染。クラスの情報局。姫乃の言葉を、ニュアンスを違えて、また先回りしてあちこちで言う。

厚木市立睦合中学校、2021年3月28日、初演。

第一場　総合はチームでキャリア教育、調べ学習

むつみ中学校、学習室。

放課後、清香が本を読んでいる。

舞台上手側には楓が腕を組んで立っている。下手側には紅葉が背中を向けてうつむいている。

学習室に朱音が入ってくる。

朱音　先輩。いらしたんですか。
清香　うん、レポートを仕上げようと思って。朱音こそ、今日は文芸部、活動日じゃないでしょ。
朱音　そうなんですけど……。先輩、ちょっと話してもいいですか。
清香　いいけど。何？　他の子と喧嘩でもした？
朱音　喧嘩かぁ、けんかできると、もっといいかも……。
清香　なによ。意味ありげに。
朱音　あたし、転校してきたじゃないですか。
清香　知ってる。でも、小学校卒業してすぐだから、みんなと一緒に入学でしょ。あまり、転校生って感じしなかったけど？
朱音　まあ、自分も、そんな感じだったんですけど。
清香　ふふっ、驚いたでしょ。各学年一クラスしかない田舎の学校で。
朱音　まあ、それは。今まで、学年5クラスの学校にいたので。でも、一クラスってアットホームでいいなってほんと、思ったんです。
清香　そうね。みんな、どこかで顔見知りだし、つながっている。仲間に入るのは大変だった？
朱音　正直言うと。でも、楓が声をかけてくれて、それで一緒の部活に入ろうってなって。
清香　この文芸部に入った。
朱音　そう、この学校って全員部活に入る決まりだったので、楓と一緒ならって思って。
清香　問題は？
朱音　1年生はもう1人、紅葉がいますよね。
清香　そうね。まじめで優しいいい子だよね。
朱音　わかってます。紅葉がいい子なのは。でも。
清香　でも？
朱音　問題は楓と紅葉の仲なんです。4月から、ずっとギクシャクしていて。
清香　ああ、そんな感じだったね。
朱音　クラスの子から聞いたんですけど。

朱音と清香はストップモーション。

下手から、来未が出てくる。

来未　楓と紅葉が同じ部活なんてびっくり。だって、2人、6年の時に喧嘩して、それ以来口もきいてなかったよね。
楓　（紅葉に向かって）いつまで泣いてんの。サッカーやってんだから、ボールの来るところにぼーっと立ってれば、

ぶつかったって仕方ないじゃない。さっさと立ちなよ。

来未　体育の授業中、サッカーやってて楓が紅葉にぶつかっちゃったわけ。紅葉ったら転んでそのまま、泣いてるだけだったからね。

紅葉　（振り返って、楓の方に）だって、痛くて立てない……。

楓　何甘えたこと言ってるの。そんなとこに座り込んでたら、ボールと間違えて、今度は蹴られるよ！

来未　楓ったらひどいよね。自分がぶつかったくせして、「ごめん」の言葉もなかったんだよ。楓、冷たい。その後、紅葉は保健室に行ったんだけど、骨にひびが入ってたんだって。痛いはずだよね。

楓　骨……折れてたんだ。……ごめん。

紅葉　……。

来未　紅葉ったら、楓に言葉返さないの。相当怒ってたんだよね、楓のこと。でも、ごめんって言ってるんだから許してあげればいいのに、

紅葉　怒ってたのはママだったの。もう、楓と付き合うなって言われて……。あたし、いやだって言えなかった。

来未　ありがちな話。紅葉もママに逆らえないなんて、ちょっと情けないよね。で、以来2人は話もしない関係になったのに、中学になったら、驚くことに、2人同じ文芸部！　しかも、そこにわけありそうな転校生朱音がからんで、なんか文芸部やばくない？

来未は退場、朱音と清香のストップモーション、解ける。

朱音　でも、部活ではとりあえず良かったんです。

清香　とりあえず……ね。

朱音　あ、ごめんなさい。でも部活には先輩もいたし、文芸部って個人の取り組みが多いから。

清香　問題はクラス？

朱音　そうなんです！　これ‼（ファイルを見せる）

清香　あら、懐かしい。総合の職業調べ、キャリア教育とかの。チームで一つの職業を調べる……って。

朱音　そうなんです。なんかこの学校の総合、結構力が入っていて、調べてレポートを書いて、さらにパワーポイントで発表するまで取り組むって。

清香　もしかして？

朱音　そう！　担任が有無を言わさずチームを作ったんですが、同じ部活仲間が基本で、私、楓、紅葉と同じチームなんです！

清香　いいじゃない。何の職業を調べるの？

朱音　作家……。

清香　面白そう。

朱音　面白くなんかないです、作家なんて。今日、話し合いの時間だったんですけど。

楓　みんなの知りたい人気の作家を選んで、インタビューとかやったら楽しい発表になると思うな。ね、朱音。

朱音　そうだね。

紅葉　でも……。

朱音　何？

紅葉 そんな簡単にインタビューとかってできないと思うし、今人気の作家って、確実なこと調べるの大変だと思うの、資料的に。朱音ちゃん、どう思う？
朱音 まあ、そうだね。
楓 でも、昔の作家だって、みんな知らないし、職業としての感覚も、今とは違うと思うんけど。朱音はどう思う？
朱音 うーーん、そうだね。
紅葉 私は、時代とか、生活における状況とかを調べることで職業としての特性もわかるかなって。朱音ちゃんはどう思う？
朱音 私、結局ほとんど「そうだね」しか言えなくて。思っていたより紅葉も意見言うし、２人とも、必ず自分に向かって同意を求めるし。
清香 うふふふ、面白い、今年の１年生。
朱音 面白いじゃやすまないですよ。私はできれば２人とも仲良くなりたいなって思っているのに。
清香 朱音は、２人が気まずいのは、６年生のことが原因と思っている？
朱音 って聞きましたけど。
清香 そうか。でも、聞くって、本当のことではないかもしれないよね。
朱音 え？
清香 だって、伝えるときに、中に入った人のフィルターを通しての言葉に変わっちゃうこと、あるでしょ。
朱音 ああ、それは……。
清香 聞くなら本人から。そしてね、大事なポイントはね。
朱音 ポイント？
清香 そう、ポイントは、まず聞く。
朱音 え？ それがポイント？
清香 そうよ。人は思いが強くなると伝えたいが先走るけど、でも、まずは聞く。
朱音 まずは……。
清香 そう、そしてね。
朱音 まだ、あるんですか？
清香 うん、あと一つ。
朱音 何ですか？
清香 「事実」はひとつ。「真実」は人の数だけ。
朱音 何ですか、それ。探偵君のファンに怒られますよ。
清香 ふふっ。あのね、起こった出来事は事実で一つだけど、それをどう見るかは、そのひとにとっての「真実」。例えばペンがある。これは事実。「かわいいペンがある」は誰かにとっての真実。わかるかな。
朱音 なんとなく。つまり、思いが入った理解は、「真実」？
清香 そうとも言えるかな。まあ、どっちがほんととか、嘘とかではなくて、でも、事実には見方が入ってはいないから思いはもっと奥にあるって感じかな。
朱音 なんか難しそう。
清香 大丈夫。朱音ならできる。
朱音 できる気しません。
清香 そうだね。できないかもしれない。
朱音 えーー？ 先輩！

清香　（立ち上がって）とにかく、まずは、２人の気持ちを聞いてみれば。そして、事実の奥を探ってみれば。そろそろあたしは帰るから。がんばれ！　後輩。

朱音　……はぁーい。

清香　うまく行ったら教えてね。ばいばい。

朱音　さよなら。

清香が出ていく。
目で追っていた朱音は机に戻り、勢いよく座り、ため息をつく。
それからおもむろに、頭をバリバリとかき、扉に視線を向け。

朱音　うまくいく気、しないんですけど!!

第二場　「事実」と「真実」

そこへ、楓と紅葉が入ってくる。

楓　朱音、ここにいたんだ。あのさ、総合の企画提出、明後日でしょ。何とかしないといけないかなって。

朱音　そうだね。取り組みの方向性が決まっていないの、私たちのチームぐらいでしょ。

楓　だから、今の流行作家にインタビューして。

朱音　流行作家って誰？

楓　それは……。

朱音　まあ、アポとって、インタビューなんて時間がかかるよね。

紅葉　あの……、みんなの知っている有名な作家なら、調べやすいと思いんだけど……。

朱音　例えば誰？

紅葉　芥川龍之介とか、太宰治とか……。

楓　２人とも自殺してる人でしょ。それってどうなの？

紅葉　だめ……かな、やっぱり。

楓　やっぱりって何。初めからだめって思ってたってこと？

朱音　楓、ちょっと言い方きつくない？　なんで、そんな責めるような言い方になるの？

楓　だって……。

朱音　何？

楓　別に。

朱音　ねえ、なら言っちゃうけど、２人がギクシャクしてるんでやりにくいだよね。何かあるなら言っちゃえば。ほら楓。ほらほら言っちゃえば。（楓をくすぐる）

楓　ああ、もう！　子どもじゃないんだからくすぐらないでよ。じゃあ言うけど、紅葉の、そのおどおどした様子がイラつくの！　２言目には「ごめん」「そうだね」紅葉！　自分ってものがあるなら、もっとはっきりいいなよ！って思うわけ。小学校で骨折れた時だって、もっとあたしのこと責めてよかったのに何も言わないし、怒ってるならちゃんと怒ってよ！

紅葉　怒るだなんて。あれは楓の言う通り、ぼーっとしていた私が悪かったんだし。ママが楓のことを怒ってた時にそう言えない自分が情けなくて……。

朱音　ちょっと待って。2人がギクシャクしてたのは、お互いのこと怒ってたからじゃなかったの？

楓　怒ってたけど、それはあたしに怒らないことに対してで、紅葉のことというのと、ちょっと違う。

紅葉　私。別に楓のことは怒ってなくて……。何も言えない自分がだめだなって……。楓はきっと私のこと怒ってるんだろうなって……思ってた。

朱音　ええ、2人とも思い込みでギクシャクしてただけ？喧嘩してたんじゃないの？

楓　ケンカは……。(紅葉を見る)

紅葉　(軽くうなづく) してない……よね。

朱音　何それ、何それ。私、来未から2人やばい関係だって聞かされて、今回のチームについても、大丈夫？なんて心配されて、でもそれって。

楓　来未？

紅葉　来未は情報局って言われていて、いっぱいクラスの子のことをあれこれ言うけど、間違った情報も多いよね。

朱音　じゃあ、2人は？

紅葉　別にやばくないいけど。

朱音　けど。

楓　なんとなくギクシャクしてたのはホント。ああ、でも、今言えてすっきりしたぁ。

紅葉　ホント。私もずっと伝えたかったこと、はっきり言えて良かった。

朱音　なんか私1人、間に立った気がして、気をもんで、馬鹿みたい。

紅葉　ごめん。

朱音　その紅葉のすぐ「ごめん」て言う癖、直そう。私だって、別に2人に怒ってるわけじゃないし。

紅葉　うん、そうだね。「ごめん」

楓　また言った。今度言ったら。

紅葉　え？何？

楓　お仕置きだぁ。(紅葉をくすぐる。紅葉は朱音のところへ逃げ込む)

3人そろって、くすぐりあって、大爆笑となる。

朱音　先輩にね、言われた。

楓　え？

朱音　「事実」と「真実」。あのね、事実は一つだけど、見方に思いが加わって、事実の奥に真実があるって。2人、ぶつかってとか、謝ったのにとか、事実はそうだけど、そこにはいろんな思いがあったってことだよね。

紅葉　「事実」と「真実」か。わかる気がする。

楓　わかるんだ。

紅葉　私、文芸部に入ったのは、小説がかきたかったからなの。

朱音　小説？

楓　私はなんとなくそうだろうなって思ってた。

紅葉　うん。私、朱音の言ったこと聞いて、思った。
楓　ん？
紅葉　私、あまり上手に思いを口にできないから、思いを伝えたくてお話を書き始めたの。書いているうちに、出来事の後ろに、伝えられなかった思いがたくさんあるって気づいて。そう、例えば来未だって、言っていることの後ろに別の思いがあるんじゃないかなって思ったりして。
楓　えーー、あの放送局が？　人のうわさを振りまいて面白がっているだけじゃないの？
紅葉　かも……。でも、楓は覚えているよね。小学校の時に流行った何でもランキング。
朱音　ランキング？
楓　流行った！　何でも順位つけて面白がるの。男子が中心だったけど、私、班長になってほしくないランキング1位だった。
朱音　何それ。
楓　うん。班長にするとうるさくてめんどくさいんだって。そんなくだらない遊び。腹立ったけど、怒っても仕方ないしね。
紅葉　私、透明人間ランキング2位だった。
朱音　透明人間て何？
紅葉　存在感がないってこと。で、1位は来未だったんだ。
朱音　え？　あんなに存在感強いのに？
楓　ああ、そうか。透明人間って思われるのが嫌だから、何とか目立とうとして、人のうわさで存在感出してるってこと？
紅葉　多分。だって、むかしの来未って、そんなおしゃべりじゃなかったし。
朱音　想像できない。
紅葉　私、なんだか、必死にみんなの注目集めようとしている来未って、さびしいなって思って。
楓　そうは見えないけどね。
紅葉　うん、でも見えているものだけが本当ではないなら、ね。
朱音　深い！　そして、すごい！
楓　で、それを書きたいわけだ。ただの口下手かと思っていたら、けっこう考えてるんだ。すごいすごい。（紅葉の頭をわしゃわしゃなでる）
紅葉　もう、楓ったら。
朱音　あ、ねえ、聞いていい？
楓　どーぞ、どーぞ。
朱音　来未の口癖、「姫乃が」じゃない。姫乃って委員長の姫乃さんのこと？
楓　（紅葉と顔を見合わせて）そう。そうだね、姫乃はまじめな委員長の顔して、裏では番長？
紅葉　楓ったら口悪い。姫乃は優等生で頼れる存在でしょ。ただね。
朱音　ん？
紅葉　インフルエンサー？
朱音　は？
楓　優等生で委員長、おまけに地元の名士の娘。小学校では、お母さんPTA会長だったよね。

紅葉 うん。別に悪口とかじゃなくても、姫乃が言うと結構みんなふーーんって思っちゃうんだよね。

朱音 来未は姫乃と、仲良いの？

楓 そういえば、昔から一緒にいたよね。

紅葉 あのね、来未は姫乃のそばにいて目立たないから透明人間って言われたの。

楓 え？　そうなの？　じゃあ、紅葉は？

紅葉 （言いにくそうに）楓……のそばにいたから……かな。

楓 何それ！　衝撃の事実！　なんで、言ってくれなかったの⁉

紅葉 別に……。楓のそばにいることも、透明人間って言われることも、気にならなかったから。

楓 私は腹が立つ！　今更だけど、誰よ！　そんなランキングしたの！

紅葉 ありがと。私の代わりに怒ってくれているんでしょ。今、私が嬉しいって思ったの、わかった？

楓 わかんない。言ってくれなきゃわかんないよ、そんなの。

紅葉 だよね。だから、私、書きたいと思ったの。いろんな人の心の奥の気持ち。

朱音 「真実」だね。その人にとっての。なんか、いいね。

楓 私は、来未の「真実」にはあまり興味ないけど、作家の描くキャラの「真実」には、めっちゃ興味ある。

朱音 だから、文芸部？

楓 うん、ここだと読書会とかあって、作品やキャラの掘り下げするってきいたからさ。

朱音 なんか私が1番ダメな感じ。特に目的もなく、楓に誘われて入った部活だなんて。

楓 でも、朱音はいつも本を読んでて、読書家って思ったから誘ったんだよ。だれでも声をかけるわけじゃないから。

朱音 まぁ、本は好きだけど……。

紅葉 ああ、もうすぐ、下校時間だよ。

楓 そうだ、総合の相談するはずだったのに。

朱音 はい！　提案です！

楓 朱音、どうぞ。

朱音 とりあえず、それぞれが作家とその仕事を調べてきて、そのうえで方向性をもう一度考えるってのは？

紅葉 いいかも。

楓 ＯＫ。じゃあ、来週のこの時間に合わせよう。朱音は何したいかある？

朱音 とりあえず、過去の作家を調べてみる。作家という職業がどんなだかがわかるかも。

チャイムがなる。

楓 やばい！　下校時間守らないとトイレ掃除だよ！

紅葉 やだぁ。急ごう。

朱音 （誰よりも早く鞄を抱えてドアへ）早く！　帰るよ。

紅葉 （最後に教室を出る）待ってよぉ。

暗転。

第三場　中間報告

放課後の学習室。
調べ学習をしている朱音。ため息をついているところに、
来未が入ってくる。

来未　大きなため息。
朱音　来未。何？　用事？
来未　冷たい言い方。いい話を持ってきたのに。
朱音　いい話？
来未　そう。ねえ、朱音も私たちのグループに入らない？
朱音　どういうこと？
来未　ほら、この前の総合の時間、楓と紅葉が対立して、それこそ紅葉が泣きそうだったでしょ。
朱音　まあ……。
来未　でもって、取り組みも進んでないでしょ。
朱音　……。
来未　先生がね、あなたたちのチームは解体したほうが良いんじゃないかって。
朱音　は？　どういうこと？
来未　だから、3人を別々に他のチームに入れるってこと。もともと、協力しやすいようにって、部活ごとにチームを作ったでしょ。でも、あなたたち、全然協力出来てないし。
朱音　そんなこと……。
来未　今、楓と紅葉、先生に呼ばれて、その話されていると思うよ。
朱音　なんで……。
来未　でさ、姫乃がね。朱音ならうちのチームに入れてもいいかなって言ってるの。
朱音　姫乃が？
来未　そう、それでね。

そこへ楓と紅葉が入ってくる。
紅葉は泣いた目をしている。
来未に気が付き。

楓　あー！　こんなとこに！
来未　え？
楓　えじゃない！　あんたでしょ、先生にあることないこと言って！　私がいつ紅葉をいじめたのよ！
来未　いじめたなんて言ってないけど。でも、楓はいつも紅葉に対してきつく見えますとは、言ったかな。
楓　でも、別に紅葉をいじめてなんか！
来未　でもさ、あの総合の時の強い言い方は、紅葉を泣かしているように見えたってみんな言ったし。
朱音　みんなってだれ？
来未　みんなはみんな。姫乃だって、紅葉がかわいそうだっ

て言ってたし。
紅葉　あたし、楓にいじめられていないし、かわいそうでもない！
朱音　先生に呼ばれたって？
楓　もう！　本当に腹が立つ！　先生も来未の言ったことをうのみにして、あたしたちをそれぞれ別のチームに入れるとか言うんだよ。
来未　（朱音に）ね、言ったでしょ。
朱音　それ、決定なの？
紅葉　ううん、あたしたち、一生懸命説明して、３人で職業調べやりますって言った。
楓　紅葉、泣きながらだったから、また先生が心配してさ。でも、最後にはわかってくれた。
来未　なんだ。チーム解体しないの？
楓　残念そうで悪いけど、あたしたちは３人で続けます！
来未　ほんと。残念。せっかく朱音をスカウトに来たのに。
紅葉　私たち、これから打ち合わせをするの。
楓　そうそう。部外者は出てってください。
来未　はいはい。じゃあ、退散しようっと。あ、朱音。その気になったら、うちのチームはいつでもウェルカムだよ。じゃあね。

来未、出ていく。

楓　腹立つ！　紅葉、塩！
紅葉　え？　塩って？
楓　もう、察し悪いな。塩って言ったら清めの塩に決まってるでしょ。
朱音　時代劇？
紅葉　エアでいい？
楓　いちいち確認しないでよ。
紅葉　はい！（そばにあった何かを渡して）お前さん、塩！
楓　おう！（来未の後を追うように）おととい、きやがれ！こんちくしょうのあんぽんたん！
朱音　（ふきだして）楓、時代劇の町人だね。ホントに。
紅葉　朱音、知らないの？　楓の１番好きな作家は池波正太郎だよ。
朱音　おお、時代小説の大御所！
楓　（塩を巻き終わって、肩で息をしながら戻り）おかしいと思ったんだ。
朱音　え？
楓　最近、クラスのみんな、なんかよそよそしかったでしょ。
紅葉　そう？
楓　もう紅葉ってば、マイペースで周りを気にしなさすぎ！
朱音　私にはみんな優しかったよ。いろいろと気にかけてくれて。
楓　それだよ！　姫乃がさ、私のことトラブルメーカーで、このままだと紅葉と朱音がつぶされちゃうからって。
朱音　姫乃？
楓　（ちょっと言いよどんで）多分。で、それを来未がみんなに言って、みんな紅葉と朱音には同情的でさ、私とは距離を置いたってこと。

朱音　でも、先生まで？

紅葉　先生は丸々信じてたわけじゃないけど、楓の言い方のきつさがいじめに見えちゃう人もいるよって心配して……。

朱音　チーム解体。

楓　どころじゃない。部活も3人一緒は心配とか言って。でも、超弱小の文芸部で1年がいなくなったらつぶれかねないでしょ。もう、後半は先生を説得するのに必死！

紅葉　ごめんね。私泣いてて何も言えなくて……。

楓　「ごめん」はNGでしょ。

朱音　お疲れ様でした。で、どうする？　職業調べ。

楓　う……ん、私、出版社に手紙出したんだけど、返事、返ってこなくて……。

紅葉　すごい。行動的。私は宮澤賢治を調べたんだけど……。

朱音　宮澤賢治！　小学校でやったよね。「やまなし」。

楓　やった、やった。「クラムボンは笑ったよ」。

紅葉　なんだか、不思議で透明感があって、

朱音　私も好き。

紅葉　でもね。

楓　何？

紅葉　う……ん、作家としては成功してないの。おうちがお金持ちだったから、時々お金をねだっていたみたいだし、本が売れなくて、今読まれているたくさんの本は、亡くなった後に評価されたもので……。

朱音　ということは、今有名な作家でも、生きてる時に売れてたわけじゃないんだ。やっぱ作家って普通の職業じゃないよね。

楓　朱音は？　何調べたの？

朱音　あ、うん。ちょっと出版社関係の人が知り合いにいるので、作家ってどんなものかなって聞いてみた。

楓　えーー？　そんな知り合いいるなら教えてよ。知り合いって誰？

朱音　え……と。

紅葉　朱音？

朱音　お……と……さん。

楓　ん？

朱音　だから、おとうさん！

楓　は？　何？　朱音のお父さんって出版社に勤めてるの⁉

朱音　まあ。でも本当に小さい出版社だし。

楓　でも、出版社。

朱音　ごめん。黙ってたのは、なんか期待させたくなくて。

紅葉　私、なんとなくそうかなって……。

楓　え？　紅葉、知ってたの？

紅葉　知ってたわけじゃないけど、朱音の持ってるグッズが……。

朱音　あ。

紅葉　私の好きな翻訳の絵本を出している会社のだったんで。

朱音　そうなの。出版社と言っても、ホントに小さくて、海

外の絵本や小説の翻訳を出しているんで、知り合いに作家というほどの人は……。

楓　でも！　私がインタビューとか言ったの、協力できたんじゃないの？

朱音　ごめん。そうだよね。

楓　そりゃ、私は大手の出版社に手紙を出したから無視されても仕方ないけど業界に知り合いがいるなら、言ってくれても良かったじゃん。

紅葉　楓、朱音にも言いたくない何かが……。

楓　もういい！　やっぱ先生が言う通り、解散したほうが良いかもね、私たち。朱音も、姫乃や来未のところに入れてもらったら。私も考える、どこに入れてもらうか。

紅葉　楓？

楓　帰る。

紅葉　楓!!

第四場　それぞれの「真実」

止めようとした紅葉の手を振り払って、楓、退場。
紅葉は楓を追っていく。入れ替わりに清香が入ってくる。
泣いている朱音に気付いて。

清香　あら、どうしたの？

朱音　（ぼろぼろ、涙をこぼしながら）先輩。私、やっちゃいました。

清香　なぁに？　話せる？

朱音　私、楓や紅葉に、自分のことちゃんと話せなかった。

清香　うん。

朱音　うちのお父さん、元々小説家志望で、でも、作家になんか全然なれてなくて。

清香　あら。

朱音　うち、公務員のお母さんが家を支えていて、お父さんは出版社とは名ばかりの小さな会社でまるで趣味みたいに仕事をしてるんです。だから、ホントは私、作家を調べるなんてやりたくなかった。

清香　そうなんだ。

朱音　楓が意欲的に売れている作家さんにインタビューって言った時も、世の中、売れていない作家もたくさんいるって言いたかった。

清香　まあ、そうでしょうね。

朱音　おじいちゃんが亡くなって、おばあちゃんが1人暮らしになった時、仕事の半分はテレワークで済むからって、お父さんと私がこっちに移ってきて、お母さんは町の家で仕事に行って、週末だけ家族で一緒の生活。

清香　うん。

朱音　お母さんは、お父さんはそれでいいのって言うけど、越してきたときも近所の人におうち大変ねって同情的に言われて嫌だったし。

清香　（泣きながら話す朱音の頭をなでる）

朱音　来未がしつこく、家のこと聞いてくるのも嫌だった。

清香　我慢してたんだね。

朱音　それを言って、楓たちが態度を変えるとは思わなかったけど、話せるほど自分の中が整理できてなくて。
清香　やっちゃったって、話さなかったこと？
朱音　前の学校でも、家のこと、話さなかったら、秘密主義だとか、友達信じてないとか言われて。
清香　いじめられた？
朱音　（頭を強く振って）いいえ、でも、なんだかみんなよそよそしくて、クラスで浮いてしまっていました。
清香　苦しかったね。
朱音　なのに、ここでも同じことをして……。もう、楓、前の様には……。
紅葉　そんなことない！
清香　紅葉。……楓は？
紅葉　ちょっと、頭冷やすって……。
朱音　（紅葉に駆け寄り）紅葉も、ごめんね。あたし、黙ってて。
紅葉　黙っていたらいけないことだったの？
朱音　え？
紅葉　「事実」と「真実」。黙っていたという事実の奥に、朱音の「思い」があるんでしょ。黙っていたのは、朱音の思いがあっての行動だったんでしょ。
朱音　紅葉。
紅葉　その奥にあるものが、朱音の「真実」なんでしょ。
朱音　うん。
紅葉　大丈夫。楓も思ったことをすぐ口に出すから、クラスで煙たがられたりするけど、
朱音　班長にしたくない人1位？
清香　？　何？　それ。
紅葉　遊びです。小学校の時の。でも、そう。それでクラスで浮いたりするけど、楓は頑張るの。
朱音　頑張る？
紅葉　ちゃんと考えて、反省して、次の行動を起こす。
清香　あら、それはすごい。
紅葉　小学校の、あの骨折の時、朱音はうちまで謝りに来てくれたの。
朱音　え？
紅葉　貯金していたお年玉を下ろして、すごく大きな花束もって。
朱音　そうだったの？
紅葉　それが、あまりに豪華な花束で、お見舞いって感じじゃなかったので、ママが何考えてるのって、また怒って。でも、私は楓らしいなって思って、嬉しかった。
清香　楓、いいとこあるじゃない。
紅葉　なのに、ママに何にも言えない自分が悔しくて、楓みたいに行動できない自分が歯がゆくて。でも、楓、すごいでしょ。
朱音　うん。

そこへ、姫乃が入ってくる。

姫乃　失礼。

朱音、泣き顔を見られたくなくて、後ろを向く。
その背中に向かって

姫乃 泣いているのは来未のせい？
紅葉 違います！　ちょっとした行き違いがあって。
姫乃 そう。来未が朱音をスカウトしに来たって？
朱音 （後ろ向きのまま）ああ、はい。
姫乃 断ってくれた？
朱音 え？
姫乃 来未は昔から自信がなくて、私の後を追いかけてきてたんだけど、いつも先回りして私のために何かしようとするの。
紅葉 知ってます。
姫乃 今度も、あなたたちのチームのことを聞いたら、楓が入ったら私とぶつかるだろうと思って、先回りして朱音に話を持って行ったらしいの。
朱音 ……。
姫乃 でもね、わたしの班は既に7人いて、2つのテーマに分かれて取り組んでいて、まとめて私がリーダーで。だから、もう手いっぱいで、この上人が増えるのは迷惑なの。
朱音 迷惑……。
姫乃 そう、だから、あなたたちは先生に何か言われてもチームを解体するなんてしないで。
朱音 もちろん、言われなくてもそのつもり。
姫乃 そう、良かった。あ、言っとくけど、別に、あなたたちをハブくつもりで言ってるんじゃないからね。
紅葉 はい。
姫乃 来未には、わたしから怒っておくから。
朱音 あ、別に、意地悪されたわけでもないし。
姫乃 ありがと。そう言ってくれて助かるわ。（清香に）お邪魔しました。失礼します。

姫乃、出ていく。

清香 あれが1年委員長の姫乃さん。なかなかの存在感。
紅葉 でも、きっと、来未の心配と、私たちの心配で来たんだと思う。
清香 そうね。使っている言葉は「迷惑」だったけど、結局あなたたち3人をバラバラにさせないようにことでしょ。
紅葉 姫乃もプライドが高いからあんな言い方だけど、でも、そうだと思います。
朱音 何？　委員長も結構、いい人ってこと？
紅葉 「真実」がどこにあるかは探らないとわからないってことだね。
朱音 楓、許してくれるかな。
清香 聞いてごらん。何に怒っているのか。どう思っているのか。
朱音 まず「聞く」、そして「真実」をみようとする……ですね。
清香 そうだね。

朱音　先輩……。はい。

清香　そうね。まず「聞く」だけど、朱音もきちんと話すといいね。

紅葉　楓のところ。行って、もう1度、話をしよう。

朱音　え？　どこへ？

紅葉　ね。朱音、行こう。

2人、荷物をまとめる。

清香　（思い出したように）ああ、そうだ。これ、（ストラップを差し出して）預かってきた、楓の落し物。

朱音　それ。

紅葉　そうだよ。そのストラップ、朱音のお父さんの出版社のグッズでしょ。

朱音　唯一ヒットした絵本の販促グッズ。なんで？

紅葉　だから言ったでしょ。私、その時の絵本が好きで、販促グッズのストラップもらったんだよ。楓も一緒にね。

朱音　えええ？

紅葉　だから、その出版社の名前の入ったペンとかメモ帳を持ってる朱音に気づいたんだ。

朱音　（自分のボールペンを見る）そうか。お父さんからもらったんだっけ、これ。

清香　意外なところに共通点。

朱音　紅葉、楓のところに行く前にうちに寄って。

紅葉　？

朱音　私もそのストラップ持ってる。3人おそろいのストラップで仲直りしよ。

紅葉　うん、わかった。

清香　雨降って地固まる、さあ、1年生、行ってらっしゃい。

紅葉・朱音　はい！

2人、かけるように部屋を出ていく。
その後ろ姿に

清香　1年生！　今度こそ、結果をちゃんと教えてね！

暗転。

第五場　物語はここから

放課後の部室。
朱音と紅葉がパソコンやら、レポートやらで作業をしている。
そこへ、楓が飛び込んでくる。

楓　見て！　見て！　見て!!

紅葉　なぁに？

朱音　楓、興奮しすぎ。

楓　これが興奮しないでいられますかって。

楓、手に持っている封筒を2人に見せる。

紅葉　これって？
楓　出版社の編集さんから手紙がきた！
朱音　ええ？　それって以前出した手紙の返事？
楓　そう。学校に宛てて返事をくれたの。
朱音　中身は？　なんて書いてあるの？
楓　この編集の人が、直接のインタビューはできないけど、アンケート用紙を送ってくれれば可能な作家さんに書いてもらって送り返すって。
紅葉　やったね！　楓‼
朱音　すごいよね。楓の行動力の成果だね。
楓　もっと褒めて褒めて。自分、ほめられて伸びる子ですから。
紅葉　調子に乗りすぎ。
楓　ねえ、朱音のお父さんが働きかけてくれたんでしょ？
朱音　え？
楓　だって、知り合いの出版社の方にお話をいただきって言葉がある。
朱音　知らない。えーー、お父さん、手を回したのかな？そんなことできる人だと思わなかったけど。
紅葉　お父さんにも、朱音に見えていない「真実」があるんだよ、きっと。ありがたいね。お礼を言わないとね。
朱音　ああ、うん。
楓　ということで、構成をもう1度確認しよう。まず、明治以降の作家についてをまとめる。担当は紅葉ね。
紅葉　はぁい。
朱音　で、アンケートが取れそうだから、次は現代の作家についてまとめる。これは楓。
楓　まかせて。
紅葉　そして、作家を取り巻く仕事についてのまとめ。担当は朱音。
朱音　ＯＫ。
楓　いいじゃん、いいじゃん。それぞれが調べたことも無駄にならないし、作家という仕事について多方面からアプローチできるって感じ。
朱音　調べてみるとさ、作品ではわからないことが見えてきたよね。
紅葉　認められるまでが大変だとか？
楓　誰もがなれるわけじゃないし、きちんともうかる仕事でもない。
朱音　それでも、人は書きたいんだね。
紅葉　物語はさ、きっと作家が自分の真実に迫るアプローチなんだと思うな。
楓　なかなかかっこいいね、それ。
紅葉　でも、自分の真実を知るって、結構苦しいかも。
朱音　なんだかわかる気がする。
楓　えーー？　どうして？
紅葉　楓は裏表のない性格でガンガン前に行くけど、でも、心の奥底にはいろいろな思いがいっぱいあるでしょ。
楓　まあ、そうと言えないこともない。
紅葉　そこには見たくない自分もあるかもしれない。そういったものと向き合って書くってけっこうきついと思う。

朱音　そうだね。でも、そんな自分と向き合って、そして、誰かとも同じように向き合うとドラマができるよね。
紅葉　物語の始まりだね。作家って、苦しくても思いを表現せずにはいられない人たちなんだと思う。
朱音　小説にならなくても、人は生きているだけで物語を作っているんだって。これはお父さんの口癖。
楓　おお、さすが。かっこいい。
紅葉　私たちの物語は、始まったばかり。これから、どうなっていくのかな。
朱音　楽しみだけど、ちょっと怖いね。あのさ。
楓　ん？
朱音　私がもし、自分を見失いそうになった時、色々なこと聞いてくれるかな？
紅葉　もちろん。聞くことだったら、いつでもできるしね。
楓　それ、ミートゥーで。
朱音　え？　どっち？　話す方？　聞く方？
楓　どっちも。
紅葉　私……、話せないかもしれないけど、書いたら読んでくれる？　私の物語も、私たちの物語も。
朱音　もちろん。
楓　喜んで！
紅葉　なんか、楓に読んでもらうのは不安。
楓　なんでよぉ。
朱音　さあ、まとめに戻ろう。発表は１か月後だけど、来週は中間発表だからね。
楓・紅葉　はぁーい。

そこへ清香がやってくる。
後輩たちは、それぞれ清香に報告をしながら、皆、楽しそうに作業に戻る。
明るい音楽の中、緞帳下りる。

きらめく星のキャロル

渡部園美

登場人物

語り部
ウィリー　8歳の男の子
ベス　ウィリーの妹
お父さん　ウィリーとベスのお父さん
お母さん　ウィリーとベスのお母さん
おばあさん
オーナメントショップの店員
ベス　途中で出会う女の子
メグ　女の子の友だち
ニック　青年。実はサンタクロース？
こども1～5
リス1～7
エルフ1～5

横浜市立洋光台第二中学校、2021年12月18日、初演。

語り　もうすぐクリスマスですね。みなさんは、どんなクリスマスを過ごしますか？

♪音楽　Deck the Halls

語り、中央に。

上手、下手からにぎやかにこどもたち飛び出してくる。

こども１　みんなでパーティー。

こども２　クリスマスケーキ！

こども３　プレゼント交換！

こども４　フライドチキン！

こども５　サンタクロースに手紙を書く！

こども１・２・３・４　え！　サンタクロース？

こども１　まだ信じてるの？

こども２　11歳にもなって？

こども３　サンタは親がやってるんだよ。

こども４　いるわけないじゃん。

こども５　……サンタクロースが……いない？

こども１　ねえ、お話のおばちゃん！

語り　……。

こども１　お話のおばちゃん！

語り　「おばちゃん」はここにはいない。お姉さんならここにいるわ。

こども１　……はい。

こども２　お話のお姉さん、サンタクロースなんていないよね。

語り　サンタクロースがいない、ですって？　ウィリーもそんな小さな疑問を持ち始めたの。ウィリーの話、聞きたい？

こどもたち　聞きたい！

こどもたち、語り部のまわりにすわる。

語り　ウィリーは８歳。お父さんとお母さんと小さな妹のベスと一緒に、森の近くの村に住んでいます。ウィリーのお父さんは音楽家で、バイオリンを演奏して生計を立てています。

ウィリーとお父さん登場。

父さん　ウィリー、今年は悪い病気が流行したね。そのせいで父さんはこの村での演奏の仕事が無くなってしまった。だから、クリスマスまでの間、大きな街まで行って仕事をすることになったんだ。

ウィリー　大きな街って遠いの？

父さん　ああ。とても遠い。すぐには帰ってくることができない。クリスマスイブの晩は一緒に過ごせないけど、クリスマスの朝までには必ず帰ってくるから、それまで母さんとベスを頼むよ。

ウィリー　わかった。がんばるよ。（お父さんのブローチを見つけて）父さん、クリスマスの印だね。

父さん　ああ。（胸のブローチを触って）この時期はこれをつけないと。じゃあ、頼んだぞ。

お父さん、退場。

語り　次の日、お父さんはバイオリンを持って、大きな街に向けて出発しました。妹のベスは泣いていました。ウィリーも泣きたかったけど、がまんしました。そして、いつもどおりの、でもちょっといつもとちがう毎日が戻ってきました。

ウィリー、かばんを背負い、登校風景に。こども1〜5、カバンや帽子をかぶり村のこどもになる。

村の子5　サンタは、ぜったいいるもん！

村の子1　この年でサンタクロース信じてるなんて！

村の子2　サンタクロースなんていないんだ。

村の子3　サンタのプレゼントは親が買って来ているんだよ。

村の子4　去年のプレゼントなんて、包み紙にお店の名前入ってたし。もうバレバレー

村の子5　よし！　校長先生に聞いてみよう！　サンタクロースはいるのか、いないのか。

村の子5、走り去る。

村の子1　おい、待てよ！

村の子1〜4も後を追って去る。

ウィリー　サンタクロースがいないなんて、考えてもみなかった……。（鞄を下す）

♪音楽　Planxty Irwin

ベス、入ってくる。

ベス　お兄ちゃん！　これ見て。（手に持っている紙を差し出す）

ウィリー　ベス。（紙を手に取り）なんだい？

ベス　サンタさんにお手紙書いているんだけど、聞いて聞いて！「ことしのクリスマスは、クリスマスツリーがほしいです。クリスマスツリーのてっぺんにはキラキラするおほしさまをつけてください。かざりもあったらうれしいです。いいこにしています。ベスより」。

ウィリー　クリスマスツリーをお願いするの？

ベス　今年は父さんがいないから、もみの木がないでしょ？　だから、サンタさんにお願いするの。

ウィリー　お人形が欲しいって言ってなかったっけ？

ベス　うん。でもお人形さんは来年にする。父さんが帰ってきた時にきれいなツリーがあったら、きっと喜んでもらえると思うの。だから、ツリーにする。

ウィリー　そうだね……ベス、えらいね。（手紙を返す）

お母さん　（袖から）ベス、ちょっと来てちょうだい。クッキー作るわよ。

ベス　はーい！

ベス、退場。

語り　ウィリーは小さいベスが自分が欲しいものより、家族を喜ばせるものを選んでいるのを知って感心しました。そして、同時にちょっと不安になりました。いつもクリスマスの準備はお父さんが中心になってしてくれます。森でもみの木を切ってきて、クリスマスツリーを作ります。それはそれは楽しい時間です。でも、今年はお父さんは仕事でいません。お母さんは父さんが留守の分、いつも以上に忙しそうです。

ウィリー　困ったな……ちゃんと来るのかな。もし、サンタクロースが来なかったら……。

語り　「もし、サンタクロースが来なかったら。」ウィリーはそんなこと今まで1度も考えたことがありませんでした。でも、朝、友達が話していたことを思い出しました。サンタクロースのプレゼントは親が用意している、サンタクロースなんてほんとうはいないって。

ウィリー　僕がサンタになろう。ツリーを用意しよう！

語り　ウィリーは決めました。もしサンタクロースがツリーを持ってきてくれたら、ウィリーのツリーは別の場所に飾ればいいのです。

ウィリー、貯金箱をあけてお金を数え、ポケットに入れる。

ウィリー　五シリングか。けっこうたまってたな。ぼくの全財産だ。

ウィリー、退場。

語り　クリスマスイブの朝、ウィリーは森に入っていきました。毎年、お父さんと一緒にツリーを切りに行く場所に行きます。

もみの木が設置される。
斧を持ってウィリー登場。もみの木を見つける。

ウィリー　この木、形もいいし、ちょうどいいな。これなら運べそうだし。

ウィリー、木を切る。

ウィリー　これなら、立派なクリスマスツリーになるぞ。

（ツリーを担ぐ）

語り　ウィリーは大変誇らしい気持ちでいっぱいでした。

ウィリー　次は飾りだ！　ツリーに飾るのはリンゴだ。リンゴは秘密基地にある！　あれを持って来よう。

ウィリー、退場。

語り　ウィリーは仲間と作った秘密基地にやってきました。

ウィリー登場、手には麻袋。

ウィリー　これこれ。一、二、三、四、五、六、七。すごい。まだ七つも残っていた。小さいからちょうどいい。これを飾ることにしよう。

語り　ウィリーは秋にとったリンゴを、秘密基地の秘密の場所に隠しておいたのです。冬の間、友達と遊んだときに、ここに連れてきてリンゴをごちそうしようと思っていました。真冬に秘密基地でリンゴをごちそうするなんて、ちょっとしたヒーローです。みんなにリンゴを見せた時の気持ちを想像すると、これを飾りにするのは惜しい気もしました。でも、そのリンゴを使うことにしました。

ウィリー　みんなにごちそうはできないけど、いいや。それに食べるには小さすぎるかもな。飾りにちょうどいいや。さあ、次はツリーのてっぺんに飾るお星さまだ。

ウィリー、ポケットに手を入れ、お金を確認する。

ウィリー　広場のクリスマスマーケット、あそこならツリーのお星さまがたくさんあるぞ！

ウィリー、歩き出し、退場。

語り　ウィリーは村の広場にやってきました。クリスマスマーケットのワゴン車がところせましと並んでいます。ワインやソーセージ、チーズにパン、クリスマスのお菓子を売るワゴンもあれば、かわいいお人形や小さな置物、キラキラしたクリスマスの飾りものを売るワゴンもあります。

ウィリー、入ってくる。
飾りを売っているワゴンの前にくる。
♪音楽　Joy to the World

ウィリー　きれいだなぁ……。

店員　いらっしゃいませ。何をさしあげましょうか？

ウィリー　あの……クリスマスツリーのてっぺんに飾るお星さまが欲しいんです。

店員　お星さまね。いろいろあるわよ。

店員、星が並んだケースを見せる。

ウィリー　わぁ、すごい！　でも……。

店員　でも？

ウィリー　…えっと……、……買えるのかな……。

店員　ぼうやはいくら持ってきたの？

ウィリー　5シリング。ぼくの全財産です！

店員　それをクリスマスの飾りに使うの？　あなたみたいな小さな男の子が。

ウィリー　はい。妹に見せてやりたいんです。星が輝くツリーを！　このもみの木にぴったりの……。（値札を見て）え！　15シリング!?

ウィリー、星を戻し、がっかりして、お店から去ろうとする。

店員　どこに行くの？（値札をはずし）今から値下げの時間だっていうのに。

ウィリー　え？

店員　今日はクリスマスイブだし、飾りはもう売れないから値下げするのよ。この星は5シリング。

ウィリー　いいんですか？

店員　ええ。妹に見せたいんでしょ？

ウィリー　はい。

店員　ほんとうに必要としている人に、必要なものを届けるのがクリスマスなのよ。

ウィリー　でも……。

店員　考えてみて。今、この星を必要としているのは私ではないの。お店にあっても「売れ残り」になるだけよ。でも、あなたが持っていれば妹さんが喜ぶ。そしてあなたも嬉しい。きっと家族のみんなも喜んでくれるでしょう。だったらあなたが持っていた方が価値があるわ。

ウィリー　ありがとうございます。

店員　クリスマスは喜びを分かち合う季節。この星を見てそれを思い出してくれたら、私も幸せだわ。

ウィリー　はい！　じゃあ、これ。（5シリングを渡す）

店員　たしかに。（5シリングを受け取る）ちょっと待っててね。紐をつけるから。

店員、星に紐を付ける。

店員　（ひもをつけた星をウィリーの首にかけ）これで両手もあくし、なくさないでしょう？

ウィリー　ありがとう！　かっこいい！

店員　よいクリスマスを！

ウィリー　よいクリスマスを！

ウィリー、去る。店員も道具を持って去る。

語り　クリスマスの星をかけてもらい、ウィリーは大変誇らしい気持ちになりました。素敵な星が胸に輝いているのです。ウィリーは、クリスマスの星にふさわしい行動をしよう、と心から思いました。

ウィリー、入ってくる。

ウィリー　家に帰ったら納屋でツリーに星を飾ろう、とっておきのリンゴも飾ろう。

語り　ウィリーは明日の朝、ベスが目を輝かせていることろを、そして、父さんが帰ってきて喜んでいるところを想像して、わくわくしていました。

ウィリーが嬉しそうに歩いていると、リスが２匹飛び出してくる。

♪音楽　I Saw Three Ships

ウィリー　おっと危ない！　あれ？　リス？　こんな寒い時にどうしたんだい？　冬眠しなくていいの？

リスはジェスチャーでお腹がすいていることを伝える。

リス１　（冬眠してたんだけど、腹ペコで目がさめちゃった）

リス２　（腹ペコじゃあ、眠れやしない）

リス１　（ペコペコだ！）

リス２　（ペコペコだ！）

ウィリー　君たちの言葉はよくわからないけど、お腹がすいているの？　リスって、冬眠の時に木の実をたくわえているんじゃないの？　時々目を覚ましてそれを食べるんでしょ？

リスは何かを訴えている。

リス１　（今年は貯えが少なくて食料が尽きてしまったんだ！）

リス２　（尽きてしまったんだ！）

ウィリー　もしかして、たくわえが無くなっちゃったの？　父さんが言ってたな、今年は木の実が少ないって。だから冬眠する動物たちがお腹をすかせるかもって。そうか。そういうことだったんだ。

リス１　（この人、僕たちの話がわかっているみたい）

リス２　（わかっているみたい）

ウィリー　そうだ！

ウィリーは麻袋からリンゴを取り出す。

ウィリー　ねえ、これ、持って行かない？　これで冬を越せないかな？

リス１　（これ、くれるの？）

リス２　（くれるの？　りんご！）

リス、驚いているが、嬉しそうに受け取る。

リス　（みんな！　リンゴもらったよ！）

他に5匹のリスが集まってくる。
口々にリンゴ！　おいしそう！　食べたい！　などと言っている。

ウィリー　あれ！　こんなにいっぱいいたのかい？　じゃあ、みんなに一つずつ。これはね、本当はクリスマスツリーの飾りだったんだけど。ツリーには別のものを飾るよ。君たちはこれが無かったら死んじゃうかもしれないもの。

ウィリー、他のリスたちにもリンゴを渡す。

リスたち　（ありがとう！）
ウィリー　じゃあ、暖かくして眠ってね。
リスたち　（ありがとう！）

リスたち、去っていく。ウィリー、リスを見送る。

ウィリー　飾りは何か作ればいいや。

ウィリー、退場。

語り　ウィリーは、リスたちの役に立てて嬉しくなりました。すがすがしい気持ちです。

語りが話している間に杖をついた老婦人が入ってきて座る。老婦人は目が見えない様子。

語り　おや、森の中におばあさんが座っています。どうしたのでしょう。

ウィリー、入ってくる。

ウィリー　こんにちは。こんなところでどうしたんですか？
老婦人　こんにちは。どなたかしら？
ウィリー　えっと、ウィリーです。ウィリー・ハミルトン。森の入り口の近くに住んでいます。
老婦人　ああ、ハミルトンさんのおうちの坊やね。大きくなったこと。
ウィリー　ところで、どうされたのですか？
老婦人　実はね、孫娘のために、クリスマスツリーを飾りたくて、木を切りに森に入ったの。だけど、もみの木は見つからないし、迷ってしまったんだよ。情けないね、この森のことは知り尽くしているから、多少見えなくてももみの木の林に行って帰るくらい、なんでもないと思ったんだけどね。

ウィリー　あの……、見えないんですか？
老婦人　ああ。明るければほんの少しなら見えるんだけど。いつも深い霧のなかにいるようなんだよ。おや、もみの木の香り。クリスマスツリーを切ってきたんだね。
ウィリー　はい。妹に見せたくて。今年は父さんが出稼ぎに行ってしまって、僕が代わりに切ってきました。
老婦人　ウィリー、こんなお願いしたらいけないかもしれないけど、そのもみの木があるところまで私を案内してくれないかい？　孫娘は今年の流行り病でひとりぼっちになってしまったの。だから、少しでも元気づけたくてね。
語り　ウィリーは考えました。このもみの木は森の奥深くまで行かないと見つかりません。この辺りには適当なもみの木は無いのです。今からあの深い森に入っていったら、暗くなって帰れなくなってしまいます。ウィリーは考えました。もし、もみの木が手に入らなかったら、お孫さんの笑顔が見られなくて、おばあさんはがっかりするだろう。胸に下げた星がきらっと光りました。ウィリーは決めました。
ウィリー　おばあさん、このもみの木を持って行ってください。いえ、僕が家まで持って行きましょう。
老婦人　それはだめだよ。妹さんのためのツリーでしょう？
ウィリー　うちの近くにドイツトウヒがあるんです。それを使えばクリスマスツリーを作れますから。
老婦人　でも……。
ウィリー　お孫さんが心配していますよ。はやく行きましょう。
老婦人　そうかい？　ありがとう、ウィリー。なんて優しいんだろうねぇ。
ウィリー　さあ、行きましょう！

ウィリー、老婦人と一緒に退場
ウィリー、再び登場。

ウィリー　もみの木が無くなったら身軽になったぞ。はやく帰ろう。ドイツトウヒも取りに行かないと。

ウィリー、歩き始める

語り　ドイツトウヒも大きくなると立派なクリスマスツリーになります。でもウィリーの家の近くのドイツトウヒは手ごろな大きさのものがなく、玄関に飾るリースは作れてもツリーにするのは難しいのです。だから、お父さんは森の奥までもみの木を切りに行くのです。ウィリーはちょっと心配にもなりました。
ウィリー　ドイツトウヒだって、この星を飾ればきっとすてきなクリスマスツリーになるよね。

小さな女の子が入ってくる。
手にひものついた棒を持っている。泣いている。

ウィリー　こんにちは。どうしたの？

女の子　無くしちゃったの。

ウィリー　無くした？　何を？

女の子　ベツレヘムの星。

語り　事情を聞いたところ、女の子はこれから学校でクリスマスの劇を上演することになっていて、そこで、「クリスマスの星が輝きました」というセリフに合わせて棒にぶらさげた星をカーテンの裏から出す役割なのです。ところが、その大切な星をどこかに落としてしまったようなのです。

女の子　もう1時間も探しているの……。でも、見つからない。

ウィリー　劇はいつ始まるの？

女の子　あと30分したら始まっちゃう。

ウィリー　それは大変だ！

女の子　それはすてきなお星さまを作ったのよ。メグといっしょに。メグもがっかりするわ。（泣き出す）

語り　ウィリーは考えました。クリスマスの劇で、「星が輝きました」というのはとても重要な場面です。星が輝かないクリスマスの劇なんて想像できません。ウィリーは考えました。もしこの女の子が星を見つけられなかったら、クリスマスの劇は台無しになってしまう。みんながっかりするし、お客さんも残念に感じるだろう。何より、女の子は自分のせいだと思ってずっと悲しむだろう。

メグ（女の子の友達）が入ってくる。

ベス　あ、メグ。

メグ　ベス、見つからなかったらしょうがないよ。先生が戻って来なさいって。

ウィリー　君、ベスっていうの？

語り　女の子は妹と同じ名前でした。ウィリーは考えました。もし妹のベスがこの女の子と同じ状況になったら……。胸に下げた星がきらっと光りました。ウィリーは決めました。

ウィリー　ねえ、この星を代わりに使ったらどうだろう？キラキラしているから、きっと舞台でも大きく輝くよ。君たちが作ったのとはちがうかもしれないけど。

女の子　……使っていいの？

ウィリー　うん。クリスマスの劇、がんばるんだよ！（女の子に星を渡す）

女の子　ありがとう！

メグ　よかったね、ベス。さあ、行こう！　劇が始まっちゃう！

女の子と友だち、去る。

ウィリー がんばってね！

2人を見送り、ウィリー、退場。

語り あたりは薄暗くなってきました。気づいたらお腹もぺこぺこです。ウィリーは疲れてきました。

ウィリー、とぼとぼと入ってくる。

ウィリー 僕、いったい何をしていたんだろう。リンゴも、もみの木も、星も、みんなあげちゃった。役に立てたのは嬉しいけど、でも……。

語り ウィリーは、妹のベスがサンタクロースの手紙を嬉しそうに封筒に入れているのを思い出しました。そして、急に悲しくなってしまいました。

ウィリー 泣いちゃだめだ。僕は自分で決めたんだ。だけど、だけど……。バカだなぁ。（泣き出す）

1人の青年が入ってくる

ニック どうしたんだい？ こんなところで。もうすぐ暗くなるよ。

ウィリー （顔をあげる）

ニック 僕はニック。困っているようだけど、よかったら、話してみてくれないかい？

ウィリー ニック、僕、ほんとうに馬鹿なんだ。妹を喜ばせたかったのに。（泣き出す）

語り ウィリーは泣きながら話しました。妹のために手に入れたクリスマスツリーとその飾りを、みんなに分けてしまったこと。みんな喜んでもらえたけど、大切な妹を喜ばせることはもうできなくなってしまったことも。

♪音楽 First Noel

ニック 君がしたことは、最高のクリスマスプレゼントだよ。リスたちは命をつなぐことができたし、おばあさんのお孫さんは、今頃嬉しそうにツリーを飾っている。女の子の劇もきっと成功しただろう。たくさんの人が幸せになっている。すばらしいじゃないか。

ウィリー でも、明日の朝、立派なクリスマスツリーは飾れないよ……。

ニック どうして？

ウィリー どうしてって？ もみの木は森の奥だし……。

ニック そもそも、ベスはサンタクロースにお願いしたんだろう？

ウィリー だって、みんな言ってたよ。サンタクロースって親が代わりにプレゼントを準備しているって……。だったら今年は父さんが街に行っていないから、できないのかなって。

ニック　ウィリー、君はサンタクロースを信じていないのかい？

ウィリー　信じて……いる……けど……わからない……もしツリーが無かったらって思っちゃう。

ニック　じゃあね、ちょっとした秘密を教えてあげるよ。世の中の親はね、「親」になった時にサンタクロースと契約を交わすんだ。プレゼントを用意できる親は、サンタクロースの代理としてプレゼントを準備して、こどもたちに夢を届ける仕事を手伝う。サンタクロースの助手になるんだ。サンタは世界中のこどもたちに夢を届けるために一晩中大忙しだからね。だから、世界中、サンタクロースの助手でいっぱいなんだよ。だけど、ほんとうに必要な時には、サンタクロースはやってきてくれる。

ウィリー　そうなの？

ニック　ところが、だ。世の中の親たちは、自分がサンタの助手だってことを忘れてしまう人がけっこういるんだ。忘れないように、サンタクロースは助手の印を渡すのだけど、それすら何だったか覚えてないんだ。

ウィリー　忘れるとどうなるの？

ニック　サンタクロースの存在は、単なる空想になってしまう。こどもたちにも。親たちにも。

ウィリー　じゃあ、サンタクロースは親が準備できないときには来てくれるの？

ニック　サンタクロースを信じてごらん。

♪音楽　Silent Night

ウィリー、涙をふいて立ち上がる。笑顔になっている。

ウィリー　今日はもう僕、ドイツトウヒを取りに行かない。飾りも作らない。母さんの料理を手伝うよ。

ニック　それがいい。お母さんのおいしい料理をたっぷり食べるんだ。

ウィリー　ありがとう。サンタさん、どんなクリスマスツリー持って来てくれるのかな。

ニック　まかせとけ！……じゃなくて、サンタに任せるんだ。

ウィリー　はい

ニック　メリークリスマス、ウィリー！

ウィリー　メリークリスマス、ニック。

ウィリーとニックは反対方向に去っていく。

ウィリー、入ってくる。

反対側から妹が入ってきて、ウィリーにしがみつく。

お母さんがあたたかい飲み物を持ってくる。

しばらく団らんして3人、退場。

そりの鈴の音が響いてくる。

♪音楽　O Holy Night

暗闇の中、ニックとエルフたちが入ってくる。
クリスマスツリーを設置し、きれいに飾りつける。

朝。ベスが入ってくる。

ベス　わぁ！　お兄ちゃん！　お母さん！

ウィリー、お母さん、入ってくる。

ウィリー　クリスマスツリーだ！　ベス、良かったね！
母さん　メリークリスマス、こどもたち。まぁ、すばらしいツリーね。いったいどうしたのかしら？

お父さん、入ってくる。

父さん　ただいま！　みんな元気にしてたか……。（ツリーを見て驚き）なんてすばらしいツリーだ！
3人　おかえりなさい！
ベス　あのね、届けてくれたの。サンタさん。私、お手紙書いたのよ。サンタさんに！　クリスマスツリーくださいって。
父さん　そうか、それはすごい！　さすがサンタクロースだ！
ウィリー　ねえ、ツリーの下にプレゼントがある。（箱を取って）これベスのだ。
ベス　え！（開ける）あ、お人形さん！　こういう子欲しかったの。いいのかしらツリーもお人形さんももらっちゃって。
父さん　ウィリー、これは君にだよ。（小さい箱を渡す）
ウィリー　え？僕に？　あれ、カードがある。
母さん　読んでみて。
ウィリー　「このブローチは、サンタクロースの代理人であることを示すものである。これを身につけている人は、サンタクロースの代理として、こどもたちに夢を与え、周りの人を幸せにできる証である。」
父さん　すごいじゃないか！　これはサンタクロースからのメッセージだ。
ベス　どんなブローチが入っているの？
父さん　あけてごらん。

ウィリー、箱を開ける。
小枝のデザインのブローチが入っている。

ウィリー　これ、父さんのクリスマスの印と同じ。じゃあ、父さんも……。
父さん　（ウィリーのブローチを見て）ウィリー、君の小枝には小さな星がついているね。なんでだろう。
ウィリー　それはね……。

ウィリー、何かを話している。
お父さんにっこり微笑んでウィリーの頭をもしゃもしゃする。

家族でクリスマスのお祝いを始める。

語り　誰かを幸せにしたい、喜ばせたい、その思いがあれば、だれでもなれるんですよ、サンタクロースに。

全員出てくる

♪音楽　We wish you a Merry Christmas 全員で歌う

We wish you a Merry Christmas
We wish you a Merry Christmas
We wish you a Merry Christmas
And a Happy New Year.
Glad tidings we bring to you and your kin
Glad tidings for Christmas and a Happy New Year!

全員　メリー・クリスマス！

――幕――

CHANGER

中尾桜子

登場人物

千葉ましろ
福岡あき
山口はるみ
佐賀なつ
海堂とうや
鹿野そのか
小笠原なごみ

立命館慶祥中学校、2020年11月22日、初演。

1　小学生

引き割2はせめてある。

地明かり＋顔あて。（蛍光灯を思わせる白い照明）

緞帳が上がる。

M1、騒がしい教室の音。後FO。

舞台は6年3組教室。舞台中下手寄りに小学校の机と椅子があり、千葉が日記を書いている。奥上手側に学級目標などのプリントが貼られたパーテーション。奥下手側で山口、福岡、佐賀が談笑している。

しばらくして暗転↓下手手前サス。

千葉　『2018年度、8月。中学希望用紙を提出した。ウチの立地的に風川中と戸所中で選べるのだけれど、戸所小の人は普通戸所中にあがるらしい。私は、』

奥下手側で談笑していた3人、千葉のところに来る。

下手手前サス消え、地明かり＋顔あてクロスフェード。

福岡　何してるの？
千葉　（慌てて隠す）ううん何も！
佐賀　分かった、算数の宿題でしょ？
千葉　うん。算数の宿題。
山口　明日、リコーダーのテストだよ。（下手くそにソプラノリコーダーを吹き）参っちゃうね。
千葉　練習してないや。
福岡　平気平気！　ね、次の時間、みんなで一斉にリコーダー吹いてアリセンびっくりさせない？
佐賀　いいねー！　トノサマに話してみよっか？
山口　この前トノサマの合図で一斉に筆箱落とすのウケたよね～！
4人　アハハハハハ。
福岡　そういえば中学希望用紙、どっちにした？
佐賀　戸所だよ。戸所小生だしね。
山口　あたしも戸所。あきは？
福岡　もちろん、戸所！　ましろは？
千葉　秘密ー。
佐賀　何それ。風川行く人って誰かいたっけ。
福岡　名前忘れたけど、いつも教室の隅で本読んでる子。
山口　あー……でもましろは戸所でしょ？
千葉　風川かもよー。
山口　やめてよね。4人で戸所行くって約束したんだから。
福岡　あれ、いつだっけ？
佐賀　修学旅行の時でしょ？　ペンダント4人お揃いで買った時に約束した。
千葉　（気まずそう）そうそう。そうだよ。
福岡　ウチ、毎日持ってるんだー。ほら、（ペンダントを出す）
佐賀　付けてたらダメなんじゃないの？
福岡　バレなきゃ大丈夫だって。
山口　これで無くした人とかいたら笑うけど。
4人　ないないない。

4人、可笑しくなって笑い出す。
地明かり＋顔当て消え、中央サスクロスフェード。
千葉以外下手にはける。千葉、中央サスに入る。

千葉　『2018年度、8月。中学希望用紙を提出した。ウチの立地的に風川中と戸所中で選べるのだけれど、戸所小の人は普通戸所中にあがるらしい。私は、』……『私は、みんなの事を嫌いになりたくなかった。ペンダントも持ってるし、約束も忘れるわけがない。だから尚更。きっと後悔なんてしない。』

中央サス消える。暗転。
M2、ミュージックFI。

2　中学生

舞台は変わり市営図書館。舞台中央手前に長机が2台置いてあり、下手奥側に『図書館内ではお静かに↓WC』と書かれたパーテーションがある。1番上手側の席で制服の千葉が課題を解いている。
明転。地明かり＋顔当て。（少し暖かい色をしている）

千葉　「私たちは変わり続ける」ingを使って英訳しなさい。……ingって現在進行形じゃないの？　We……We、変わり続けるって英語で何？　change?……明日提出なのに……。（考え込む）

海堂、下手奥から出てくる。千葉気付かない。間。

海堂　千葉ー？
千葉　（ビクッ）……。
海堂　……。人違いかな。千葉ましろで合ってるよね。
千葉　えぇ、私、千葉ましろですけど……。
海堂　酷いなー、覚えてない？　おれだよおれ、海堂とや。小6の時同じクラスだった。
千葉　……あっ！
海堂　思いだした？
千葉　トノサマ？
海堂　そういえばそんなアダ名あったな。そう、トノサマ。
千葉　久しぶり、元気にしてた？
海堂　まぁまぁかな。千葉は？
千葉　千葉？
海堂　千葉だよね？
千葉　千葉だけど。小6の時はましろって名前呼びだったじゃん。なんで急に苗字呼び？
海堂　いやぁ、もう中学生だから？　にしても気付くの遅過ぎない？
千葉　ごめんね。背丈も髪型も変わってるし、何より声が。
海堂　あぁー。変わってなかったらそれはそれで嫌だけど。
千葉　そっか、そうだよね。男子は声変りもう終わる時期

海堂　だもんね。時間の流れを感じるわぁ。
千葉　はは！　婆さんかよ。（リュックをおろす）
海堂　トノサマも課題しに来たの？
千葉　勉強しますか。
海堂　おう。

2人、しばらく勉強。

千葉　……無理分かんない！
海堂　グッドラックトゥーミー、アンドトゥーユー。
千葉　これ出さなかったら内申が心配だけど。今日はもういいや。それより聞きたいことがあるんだけど。
海堂　勉強の事ならお断りだよ。
千葉　いや違う。あのさ、トノサマって戸所中だよね？
海堂　そうだけど。
千葉　その……あきとなつとはるみって、元気？
海堂　前みたいにつるんでるのはあまり見かけないかな。
千葉　そっかァ……うん、そう……
海堂　あ、仲良かったもんなお前ら４人。言わない方が良かったかな。
千葉　ううん大丈夫。ただ安心した様な、寂しい様な……上手く言葉に出来ないんだけど。
海堂　……千葉って風川中だよね？
千葉　うん。
海堂　なんで風川行ったの？　戸所小の人は戸所中に行くもんだと思ってたけど。
千葉　誰にも言わないでね？
海堂　言うわけないって。
千葉　変わりたかったんだ、ずっと。……６の３さ、学級崩壊してたでしょ。あれはあれで楽しかったんだけど、周りに合わせて問題児してるのも結構疲れてたんだよね。あと無理に合わせてる自分が嫌いだった。
海堂　ああ。
千葉　それに！　嫌いな自分と一緒にみんなまで嫌いになりたくなかった。
海堂　そういうもんか。で、今の自分のことは好きなの？
千葉　（苦笑い）今好きかどうかは置いといてさ。それで中学は優等生？　みたいなキャラでいこうと思ってたんだけど、（一瞬ためらい）いきなりキャラ変わったら、元の私を知ってた人にどう思われるか分からないし。だから風川に行ったの。
海堂　今はみんなもその優等生に変わっちゃったけどね。
千葉　嘘！
海堂　本当。ま、根っから腐った訳じゃなかったってことだよ。
千葉　何か損した気分。
海堂　人は変わるってことです。
千葉　でもさ、あの頃が楽しくなかったわけでもないんだよね。
海堂　なに？
千葉　一致団結！　スーパーハイテンション！って感じ、悪くなかったよ。

海堂　分かる分かる。おれ、あの感じが永遠に続くと思ってた。いや、いつか終わるとは分かってたつもりだけどさ。
千葉　あるよね、そういうの。
海堂　「時よ止まれ！」
千葉　え？（普通に動いている）
海堂　お前、ノリ悪くなった？
千葉　ノリ？　あっ！　思いだした。修学旅行の。
海堂　そうそれ。修学旅行の帰りのバスん中で。
千葉　トノサマが急に立ち上がって、
千葉・海堂　「時よ止まれ！」
海堂　懐かしいな。
千葉　なんで急にあんなことしたの？
海堂　帰りのバスの中とかでさ、「早く帰ってゲームしてぇー」とかほざいてグダグダしてる時間が永遠に続いて欲しかったんだ。
千葉　帰ってゲームしたいのに？
海堂　帰りたいけど帰りたくなかった。本当にあのまま止まってくれればなぁ。
千葉　そういえば、あの時みんなちゃんと固まったんだよね。
海堂　ノリの良いクラスだったんだよ。今は思う。
千葉　あの頃はそれが当たり前だったけどね。
海堂　なんだったんだろうな、あのノリの良さは。
千葉　トノサマがトノサマだったからじゃない？
海堂　なに？
千葉　カーストとか無かったけど、トノサマがクラスの王様だって事だけはみんなの共通認識だったよ。
海堂　あ、それでトノサマだったのか。
千葉　そのトノサマがぶっ飛んでたからクラスもハチャメチャでノリも良かったんだよ。
海堂　おれそんな影響力ないって。
千葉　あれ凄く楽しかったよ。……まぁ、戻りたいとは思わないけどね。
海堂　………ちょっとトイレ。
千葉　行ってらっしゃい。

海堂下手奥にはける。

千葉　……分かった。We keep changingだ。ingって現在進行形じゃなくて、動名詞か。We keep changing……「私たちは変わり続ける」、ね……。そんな簡単な話かなぁ。

3　図書館

小笠原、鹿野下手奥から出てくる。

小笠原　ごめん遅れて。
千葉　30分遅刻。あとこれで記念すべき通算30回目の遅刻。おめでとう。
鹿野　ありがとう！

千葉　褒めてない。少しは成長して。
小笠原　怒ってる？
千葉　怒ってないよ。許してあげよう。
鹿野　ヤッター、ましろ大好き。（抱きつく）
千葉　（慣れた様子で静止）
鹿野　（離れる）ごめんね、唯一あった時計、どっかやっちゃった……ってこの話前もしたかな。
千葉　それ、まだ見つからないの？
鹿野　こういう時スマホあったらすぐ連絡取れて便利なのに。
千葉　ごめんなさいね、キッズケータイで。
鹿野　いい加減スマホ買いなって。ほら、グループチャットとかさ。楽しいよ？　あ、もしスマホ買ったら6の3のグループチャット招待してあげる。
千葉　別にいい。
鹿野　なんで？
千葉　興味ないし。
鹿野　そんなこと言っちゃって〜。
千葉　いいの！　私はずっとキッズケータイで。
小笠原　（千葉の隣に手提げを下ろし）ほら、早くやらなきゃ。明日英語提出だよ。内申響くよ。あとリコーダーのテストもある。
千葉　う……私小学校の頃からリコーダー苦手なのに。
鹿野　ねぇ課題問12の「私たちは変わり続ける」ingを使って英訳するの、答え何になった？
千葉　（若干ドヤっと）We keep changing。
小笠原　私、We are keeping change。
千葉　え、なんで？　動名詞でしょ？
小笠原　現在進行形じゃないの？　今現在も続いてるんでしょ？
鹿野　でもingとしか書いてないんだよね？
3人　うーん……
千葉　やめよう。考えるだけ無駄。
小笠原　グッドラックトゥーミー、アンドトゥーユー。
鹿野　何それ。
小笠原　塾で隣のやつの口癖。これ言われるとムカつくけど何かやる気出るのが癪なんだよね。

海堂、下手奥から出てくる。

海堂　増えてる。
千葉　あ、トノサマ。「私たちは変わり続ける」ingを使って英訳しなさい。
海堂　え、急だな。We keep changingじゃないの？
千葉　（小笠原に）ほらァー。
小笠原　いやでも、その子も間違ってる可能性……。
海堂　小笠原さん？
千葉　知り合いなんだ。
小笠原　塾で隣の席。
鹿野　成程、お、と、か。並ぶんだ。小笠原と海堂だから。
千葉　じゃあさっきのグッドラックって。
小笠原　うん、こいつ。

海堂　こいつ⁉

小笠原　海堂くん、私より頭良いけどクセ強めだから。それより隣の人って。

海堂　けなすか褒めるかどっちかにして。

鹿野　鹿野そのかだよ。久しぶり、トノサマ。

海堂　鹿野って、教室の隅で本読んでて全然喋らなかったあの、鹿野？

鹿野　その、鹿野。苗字呼び硬っ苦しいよ、そのかって呼んで。小6の時みたいにさ。

海堂　え、えぇー。

小笠原　便乗。なごみって呼んで。私も海堂くんの事呼び捨てにするから。

海堂　え、小笠原さんも？

小笠原　リピートアフターミー、なごみ。

鹿野　Repeat after me だよ、なごみ。発音しっかりしなきゃ。

海堂　うんうんうん。分かった。そのかと、なごみね。うん。それよりなんでいるの？

千葉　待ち合わせしてたんだけど、この2人30分遅刻してきた。

海堂　へぇー（？）お疲れ様です。

千葉　本当にね。

小笠原　海堂とましろとそのかって、全員戸所小出身だっけ？

鹿野　そう。元クラスメイトだよ。

千葉　6年生の時の。

小笠原　小6の時ってみんなどんな感じだったの？

海堂　千葉は問題児。

千葉　トノサマの方が問題児だった癖に。そのかは、今とは打って変わって大人しかったよ。

鹿野　教室の隅で本読んでた。

小笠原　へぇ、今と真逆じゃない。

海堂　人は変わるってことです。

小笠原　にしても、海堂とましろが問題児ねぇ。

千葉　まぁあの頃は問題児であることが普通だったからね。

海堂　そのかみたいなタイプ滅多に居なかったよな。

鹿野　今は割と友達とかも多いんだよ。

千葉　そのかはこの中で1番変わったよね。

小笠原　ねぇ、どんなクラスだったの？

小笠原以外の3人、顔を見合わせるが、

鹿野　どうしようもなくバカだった。

千葉　学級崩壊してた。

海堂　あとノリが良くて、みんな仲良しって感じ。

鹿野　あ、そういえば。卒業前にタイムカプセル埋めたの覚えてる？

千葉　あったね、そんなの。学校の裏山ね。

小笠原　タイムカプセルね。何かいいねぇ、青春って感じ。

海堂　何埋めたんだっけか。覚えてる？

鹿野　なんだったかな。とりあえず宝物を埋めたって事だけ覚えてる。いつだっけ開けるの。

海堂　20歳、同窓会の帰り。
鹿野　同窓会あるのかな。
千葉　さぁ、ないんじゃない？　だって小学校のだよ。普通同窓会って中学、高校とかじゃないの。
海堂　そもそも小学校の頃のことなんてみんな忘れてるよ。
鹿野　確かにね。
千葉　そうだよ。１人欠けたくらいで全員バラバラになるくらい脆いんだよ、小学校の頃の友情って。
海堂　やっぱり言わない方が良かったかな。
千葉　ううん大丈夫。吹っ切れた。堀りに行こう！　タイムカプセル。
３人　え⁉
小笠原　同窓会で掘るんじゃないの？
千葉　どうせなさそうだし、掘っちゃおう。２人とも、自分の宝物が何だったのか知りたくはない？
鹿野　うん、まぁ？
小笠原　私も連れてって！
海堂　え、なごみも？
小笠原　何か私だけ置いてけぼりで寂しいから。
千葉　(海堂に)　どうする？
鹿野　(スマホを打ちながら)　私はいいよ。
海堂　別にいいけど。
千葉　じゃあ決定。今日の夜7時、戸所小の裏山集合で行ける？
３人　(それぞれ了解のうねの返事)

M3、蛍の光。

海堂　あ、もう閉館か。
千葉　課題終わってない！　せめて問12だけでも解いてこ。
鹿野　「私たちは変わり続ける」ingを使って英訳しなさい、ね。
小笠原　その問題って和英辞典引けばいいんじゃないかな。
千葉　天才！　辞典取りに行こう。

M3、蛍の光、FO。

4　グループチャット

千葉と小笠原下手奥にはける。沈黙。
M4、スマホのバイブ音。

海堂　凄い通知来るな……。
鹿野　6の3のグループチャットでしょ。
海堂　珍しいな、こんなに盛り上がってるの。
鹿野　あぁ、誘ったから。
海堂　何に？
鹿野　タイムカプセル堀りに行くの。
海堂　なんで！？
鹿野　みんなで行くんじゃないの？

山口、福岡、佐賀上手から出てくる。実際に現れた訳ではなく、グループチャットである。
海堂と鹿野は下手側に。
舞台上手明るめ、下手暗めに。
M5、通知音。

福岡「どういうこと」

M5、通知音。

佐賀「つまり、中身が分からなきゃ掘ればいいって事で、一緒にタイムカプセル掘りに行く人誘ってるの……?」

M5、通知音。

山口「それ、約束破ってるじゃない。」
鹿野「そうだね。」
海堂 お前、バカなのか?
鹿野 失礼だなー。「トノサマも居るよ」っと。
海堂 おれを巻き込むなよ!
鹿野 時すでにおすし。
海堂 ふざけてる場合か。かくなる上は——知らんぷりを決め込む。
佐賀「トノサマ、どういうこと?」
福岡「見てるでしょトノサマ。何か言ったらどう。」
山口「裏切り者は晒し首の刑に処す」
海堂「おれは何も知らない」
山口「そのか、それ何時から?」
鹿野「今日の8時」
海堂 素直に言うなよ! やっぱバカだろお前。
鹿野「本当にトノサマ居るよ」
海堂 このバカ! あんぽんたんのつかぽんたん!
山口「何人いるの?」
鹿野「4人」
佐賀「トノサマ、そのか、ましろ、あと誰?」
鹿野「なごみ」
福岡「そんな子いた?」
鹿野「いや、いない。中学の友達。」
佐賀「元6年3組の人以外にタイムカプセルいじられたくない。」
福岡「提案。先回りして掘らない?」
海堂 えっ。どうするのこれ。
鹿野 さぁ?
福岡「ウチらまだましろが風川行った事怒ってるから。」
山口「どうせあたしたちの事嫌いだったんでしょ。ムカつくー!」
鹿野 どうしようねー、これ?
海堂 何故おれに聞く?
福岡「という訳で、先回りして掘りに行く人。」
佐賀「はい。」
山口「あたしも。」
海堂「やめておきなよ」

山口・福岡・佐賀「なんで?」
海堂「可哀想だろ。おれは無関係だけど」
福岡「トノサマ無関係ならいいじゃん。それともトノサマも約束破ろうとしてる?」
海堂　ああ言えばこう言う……。
山口「そのかって風川中でしょう?　ましろって今どんな感じなの?」
鹿野「優等生」
佐賀「やっぱりそうなっちゃうか。」
鹿野「人は変わるってことです。」
福岡「じゃあ今日夜6時ね。解散。」

M3、蛍の光、FI。後FO。
照明CO、暗転。
海堂上手に、鹿野下手にはける。

5　タイムカプセル

舞台変わり戸所小の裏山。バトンから木がぶら下がっている。山口、福岡、佐賀が懐中電灯やシャベル、スコップを持って舞台中中央を見つめている。
照明FI、明転。ホリゾン、オレンジ。

山口　ここだよね。
佐賀　うん。久々だね、このメンバー。
山口　1人足りないけどね。
福岡　じゃあ、掘ろうか。

3人、無言で掘る。
ホリゾント、オレンジから次第に紺に。
M6、土を掘る音1。

福岡　これだよね。
佐賀　うん。「8年後の僕らへ　6年3組の宝物」間違いないよ。
山口　(自分のタイムカプセルを取り)これ、あたしのだ。
佐賀　何入れたの?
山口　ペンダント。修学旅行の時4人お揃いで買ったやつ。
佐賀　(自分のタイムカプセルを開け、笑い)私も。
福岡　(自分のタイムカプセルを開け)ウチもだよー。あと、SDカード。
山口　SDカード?
福岡　うん。6年生の頃の写真。授業中とか、休み時間とか、修学旅行とか。命懸けで撮ってたんだ。
佐賀　それ、同窓会で使えるかも。
福岡　同窓会開いてよ、同窓会長。
佐賀　20歳になったらね。
山口　でも無理じゃない?　少なくとも誰かさんが何も言わずに居なくなる程度の仲なら。
佐賀　……ましろの、開けてみようか?
福岡　そうだね。(間違って鹿野のタイムカプセルを開ける）懐中時計？

山口　でもこれ、そのかって書いてあるよ。

福岡、ぜんまいを巻く。
M7、ゼンマイを巻く音。
M8、時計の音。後FO。

福岡　ぜんまい式の懐中時計って今時珍しいね。

佐賀　どれだろ、ましろの。

山口　うーーん……（いくつか別のタイムカプセルを取り出し）なくない？

福岡　もっと深くに埋まってるのかも。

山口、スコップで掘ろうと土にスコップを刺す
M9、金属質なものが壊れる音。

山口　…………今なんか壊したね。

佐賀　（ましろのタイムカプセルを取り出し）あ～、よりによってましろのだ。

福岡　がっつり穴開いちゃってるね。

山口　う……ごめん。

佐賀、千葉のタイムカプセルを開ける。日記とお揃いのペンダントが出てくる。沈黙。

山口　4人全員ペンダントが宝物だったんだ。

ドラマチックな雰囲気の照明　FI。

佐賀　（日記をめくっている）……『2018年度、4月。5年生から6年生に上がる時はクラス替えがないのでみんなと離れないで済むのが嬉しい。今日、リコーダーのテストをした。はるみは相変わらず下手っぴだった。なつは上手。あきは途中で恥ずかしくなって別室でテストしていた。私も下手っぴだ。』

福岡　『2018年度、8月。中学希望用紙を提出した。ウチの立地的に風川中と戸所中で選べるのだけれど、戸所小の人は普通戸所中にあがるらしい。私は、みんなの事を嫌いになりたくなかった。ペンダントも持ってるし、約束も忘れるわけがない。だから尚更。きっと後悔なんてしない。』

山口　『2018年度、2月。タイムカプセル企画がまとまってきた。学校の裏山に6年3組みんなの宝物を埋める。私はペンダントとこの日記を入れる事にしようと思う。だからこの日記も今日で終わり。20歳の私へ。私は変わりたい自分に変われましたか。みんなとはまだ続いていますか。自分たちの事が好きですか。好きだといいな。』

照明戻す。

佐賀　（ぱらぱらとめくり）私たちのことばっかり書いてる。嫌われてなかったね。

福岡　むしろ好かれてたんじゃない？
山口　ね！　あーあ、安心した。
福岡　全員ペンダントが宝物かぁ。脆くなんかないよ、ウチらの友情は。――同窓会、開けるかな。
山口　聞かれてるよ、同窓会長。
佐賀　現実的に考えれば難しいかな。

沈黙。

佐賀　多分さ、小学校の頃の思い出とか友達ってそんなもんになると思う。この後、中学、高校、大学って行ってさ。社会人とかなっちゃって。小学校の頃なんてほんのちょっとしか覚えてないんじゃないかなぁ。
福岡　……ま、そうだよね。
佐賀　でも！　私絶ッ対に開くから！
山口　本当に～？
佐賀　ホントだよ、私あのクラス大好きだもん。絶対また会って、タイムカプセルもみんなで掘る。
福岡　約束だしね。
山口　ちょっと破ったけど。
福岡　（時間に気付き）６時48分！
山口　やば！　戻さなきゃ。

３人、慌てて戻し、埋め直し始める。
M６、土に埋める音１。

佐賀　ましろのタイムカプセル、どうする？
山口　このまま埋められないよね。
福岡　じゃあさ、それを口実にすればいいんじゃないの？
佐賀　え？
福岡　同窓会を開くための口実。それ返すからって。そもそも話、タイムカプセルってその為の物なんじゃないかな。
山口　どういうこと？
福岡　また会うための約束。それにこれは20歳になってから見た方がいいと思う。うちらは見ちゃったけどさ。
山口　20歳の自分宛に書いてるしね。
佐賀　ましろに言っておいた方がいいよね、このこと。
山口　うん。ましろの連絡先持ってる？
福岡・佐賀　（首を振る）
福岡　トノサマに伝言してもらう？
佐賀　そうしよう。
福岡　……「ましろへ。色々ましろの事勘違いして、勝手に怒って、日記を見てしまいました。ペンダントも。その上、ましろのタイムカプセルを壊してしまいました。ごめんなさい。20歳の同窓会の帰り、絶対に渡します。約束します。あき、はるみ、なつより。」
山口　……よし、帰るか。
佐賀　帰ろっか。

6　オルゴール

山口、福岡、佐賀上手花道からはける。
星電FI。
千葉、鹿野、小笠原下手から、海堂上手から出てくる。

海堂　自分らで掘る気は無いわけ？
3人　ない。
海堂　(ため息。スマホを見る) よし……やるぞ。
3人　はーい。

海堂、無言で掘る。
M10、土を掘る音2。

千葉　結構土、柔らかいんだね。
千葉　(自分のタイムカプセルを開ける) あれ。中身ない。
鹿野　(自分のタイムカプセルを開ける) あ、これこれ懐中時計。無くしたと思ってたやつ。

M8、時計の音FI。後FO。

鹿野　……ぜんまい式なのに動いてる……怖……。
海堂　みんなが回したんじゃないの。
小笠原　みんな？
海堂　いや、なんでもない。(自分のタイムカプセルを開ける) オルゴールだ。
千葉　トノサマがオルゴール。意外。
海堂　修学旅行の時に買ったやつだよ。

海堂、オルゴールのぜんまいを巻く。
M7、ゼンマイを巻く音。
M11、オルゴール。

小笠原　これ、うちの小学校でリコーダーのテスト曲だったやつだ。
千葉　戸所もだよ。
海堂　小6でこの曲は無理があるよな。
千葉　それ思った。
鹿野　そう？　簡単だったけど。
海堂　(ショック)
千葉　中学に上がったらアルトリコーダーに変わったよね。小学校ではソプラノリコーダーだったのに。
小笠原　成長期で手の大きさが変わるかららしいよ。運指が変わって混乱するからやめて欲しい。
鹿野　本当にね。慣れてた物をいきなり変えられてもね。
千葉　でも中学生なんてそんなんばっかりだよ。算数は数学になるし、宿題は課題になるし、急に英語とか出てくるし、リコーダーはデカくなるし。その上内申とか気にし出した上にスマホとか持っちゃってさ。小学校の頃みたいにはいかない。
鹿野　変わりたくなくても変わらなきゃいけない日っていつか来るよね。
小笠原　私は変わるの怖いなぁ。
海堂　何はともあれ、人は変わるってことです。——で、千葉は変わった自分の事は好きなの？
千葉　え？
海堂　さっきは話逸らしただろ。どうなの？　そこんとこ。
千葉　どうだろう。嫌いなのかも。それこそ生まれ変わったって結局は自分の生まれ変わりだから。
小笠原　そんなもんだよね。結局は自分だもんね。
千葉　なごみはタイムカプセルに入れるとしたら何を入れる？
小笠原　私？　私は――どうだろう、何も入れられる物が無いかも。
鹿野　宝物、ないの？
小笠原　あるよ。あるけどさ、友情とか思い出とか約束とか今この瞬間とか入れられないでしょ。――もしかしたらましろはそういう物を入れたんじゃないの？
千葉　えー、そうかなぁ。そうだったのかなぁ。
海堂　「時よ止まれ！」

一同静止。誰からともなく笑い出す。

小笠原　こんなことしてたの？　バカだねぇ。
海堂　ほんとに止まってくれればなぁ。
鹿野　どうしようもなくバカだったんだよ。みんな。
千葉　愛おしいバカだよ。
海堂　まぁ根はバカなままみたいだけどな。
千葉　そう？　そうかなぁ。

間。
M11、オルゴール、クロスフェード。
M8、時計の音。後FO。

海堂　ましろー。……謝らなくちゃいけないことが。（スマホを渡す）
千葉　（スマホを受け取る）……「ましろへ。色々ましろの事勘違いして、勝手に怒って、日記を見てしまいました。ペンダントも。その上、ましろのタイムカプセルを壊してしまいました。ごめんなさい。20歳の同窓会の帰り、絶対に渡します。約束します。あき、はるみ、なつより。」て、バカじゃん！　変わってないなー！
海堂　根はバカなままだろ、ホント……。
千葉　何が優等生よ。結局何も変わってない。あぁ、おっかしい。悩んでたのがバカみたい。私もバカか！
小笠原　え、ましろ、どうしたの？
海堂　これが、6年3組のテンション。
小笠原　スーパーハイテンションだね……。
鹿野　お陰でクラスはハチャメチャ学級崩壊だったけどね。
千葉　ねぇ、返信打ってもいい？
海堂　別にいいけど。
千葉　これ、どうやって打つの？
海堂　フリック入力だけど……お前スマホは？
千葉　キッズケータイ。
海堂　おれ打とうか？
千葉　ううん、自分で打つ。……「久しぶり、ましろです。

小笠原　お元気でしたか。」ちょっと違うか。……「大丈夫だよ！20歳と言わずまた一緒に遊ぼうね！」こんな感じ？
千葉　打つの遅っ……。
海堂　仕方ないじゃん、持ってないんだから。
千葉　買えよ、スマホ。
鹿野　うん。みんな持ってるしそろそろ買おうと思う。
千葉　買ったら元6の3のグループチャット招待するね。
鹿野　ありがとう！
千葉　……帰るかー！（自分の懐中時計をしまおうとする）
　ねぇ、そのかの言ってた唯一の時計ってそれだよね？
鹿野　うん、そうだけど。
千葉　じゃ、埋め直しちゃダメだよ。また遅刻するでしょ。いい加減成長してよねー。
鹿野　でも何もいれないのはちょっと。
小笠原　「入れたのは……友情、思い出、約束、今この瞬間‼」なんつって。
鹿野　よし、それで行こう。
小笠原　え、それでいいの。
海堂　小6テンションなめんなよ。バカだよ。
小笠原　ここまでバカなんだ……。
千葉　あー何か安心した。変わったってそう簡単に変われるわけないよねぇ。
鹿野　人間根っから変われるもんじゃないしね。
小笠原　もう変わるのコワーイとか言ってらんないよ。
海堂　そうだな。

　海堂、タイムカプセルを回収し埋め始める。
　M10、土を掘る音2。

鹿野　……（時計を見て）結構時間経っちゃったなぁ。
千葉　帰るかー。
鹿野　じゃ、うちらこっちだから
海堂　グッドラック、トゥーユー。

　女子3人下手に、海堂上手にそれぞれはけようとする。

小笠原　なんか違う気がする。
鹿野　そう？　気のせいだよ。行こ行こ。

　小笠原、鹿野はける。

千葉　あ！　海堂！
海堂　（振り向く）
千葉　トゥーミー！　忘れてる！
千葉・海堂　……グッドラックトゥーミー、アンドトゥーユー！

　星電以外落とす。
　千葉、海堂はける。緞帳が下りる。

――幕――

普通とは、らしさとは。

野本遥妃

登場人物
綾人
先生
結弦
千夏津

初演校
厚木市立睦合東中学校

初演日
2021年10月24日

厚木市立睦合東中学校、2021年10月23日、リハーサル。

第一場

学校の図書室のある一角。部屋には先生が本棚の前で何やら確認している。そこへ、1人の男子生徒が入ってくる。

先生 本当にありがとう！ また手伝ってくれるとうれしいな、なんて。
綾人 いえ、暇でしたから。
先生 飯塚くんありがとう！ 助かっちゃった！
綾人 篠原先生、片付けおわりました。
先生 お言葉にあまえて。あ、それより飯塚くん、自由研究は何にするか決めた？
綾人 はい、機会があればまた言ってください。
綾人 いえ、お手伝いのついでに決められればなと思ってたんですけどなかなか。
先生 ならこれとかどう？（本をさしだす）
綾人 （受け取りながら）古代生物、ですか。
先生 そう、海の古代生物の本。ほら、ここ海近いから。海って身近に思えるじゃない？ そういうものの新しい姿がみられるのって、とっても面白いと思うの。
綾人 確かに、よさそうですね。お借りしてもいいですか？
先生 ええどうぞ。帰るときは、その本カウンターのところに置いといてくれればいいからね。特別にとっておいてあげる！
綾人 ありがとうございます。
先生 じゃ、私職員室行くから何かあれば呼んでね。あ、帰るときも、声かけてもらえるとありがたいかな。
綾人 はい。

先生が荷物をまとめている。綾人はすわって本を読んでいる。

そこへ、2人の生徒が入ってくる。

結弦 失礼しまーす！ あ、ももちゃん先生ー！ こんにちは！
先生 こんにちは。あと森くん、その呼び方やめなさい。
千夏津 ももちゃん先生こんにちはー！
先生 こんにちは……って茅野さんまで……まったく。……2人は自由研究の材料、探しに来たの？
結弦 そっ！ なにげにここの図書室広いし、ここから見える海、綺麗で好きだしさ！
先生 そう、頑張ってね。あまりさわぎすぎないように。
結弦 はーい。
千夏津 （かぶせて）はーい。
先生 じゃ、私はもう行くから。熱中症には気をつけて。
結弦 はーい、バイバーイ。

結弦と千夏津、手をふる。先生退場。

千夏津 で、自由研究どうする？ 何かやりたいのある？
結弦 ある！

千夏津　何？
結弦　海の古代生物についてやりたい！
綾人　これだ。
千夏津　あんた自由研究でやらなくたって詳しいでしょ。
結弦　俺はやりたいのー。知ってるからラクだし、好きだからヤル気が出るじゃん？
千夏津　まぁいいけどね。私はとくにやりたいものとかないし。
結弦　じゃ、決定！　俺、あっちのほう探してくるねー。
千夏津　はーい。

千夏津、近くにあった本棚を探す。綾人、自分がその本を持っていることを言うか言わないかもじもじしてる。その様子をみかねて、

千夏津　あーもう！　あんた、さっきから何もじもじしてんのさ！
綾人　あっえっと……。
千夏津　何か言うことあんならはっきりしてよね！……ん？　あれ、その本ちょっと見せて……。「古代生物海の生き物百科」……ってこれ！　探してたやつじゃない？あんた気づいてたの？　何で何も言っくれないのよ、一声かけてくれてもよくない？
結弦　どーしたの、千夏津。あったー？
千夏津　あったも何も、この子がもってたの！
綾人　あ、いや……。
結弦　ん、どれどれちょっとみせて……。あ、本当だー！でもさ、これ綾人が見てたわけでしょ？　それなら俺らが何か言うのも違くない？　そもそも千夏津って綾人と面識あったの？
千夏津　ないけど……。
結弦　それならなおさら声かけづらいよね。初対面の人に声かけるのって勇気がいることだし……それに、ここ広いんだから同じような本探せば何冊かあるって！
千夏津　確かに、返す言葉もない……。初対面でいきなりこれは、図々しいし怖かったよね。……ごめん！　急に！
結弦　こいつ思ったことすーぐ口にでるタイプなんだよね。でもまぁ悪いやつではないから……。
綾人　（急に立ち上がって）ご、ご、
結弦　ご？
綾人　ご、ごめんなさい！　ぼ、ぼ、ぼ、僕が、す、すに、い、い、言ってれば、よかったのに。
結弦　え？　あぁ、いや大丈夫だよ。別にそれ、俺らの本じゃないし。
綾人　い、い、いや、ほ、本当に、ご、ご、ごめんなさい。こ、これ、ど、ど、ど、どうぞ。で、では。
千夏津　え、あ、ちょっと……！

綾人、本を渡し、そそくさと退場。

千夏津　行っちゃった……。悪いことしちゃったなぁ。て

かあの子、あれって……、吃音っていうんだっけ？

結弦　うん、そうだね。でも、すらすら話してるとこも見たことあるから、緊張したりテンパったりするとでちゃうんじゃないかな。

千夏津　そっ……か。あぁどうしよう、それならなおさら声かけにくいよね。人によっては話すのが苦手な人もいるわけだし、悩みとか苦手とかって人それぞれなわけだし……。私、最低じゃん。

結弦　千夏津、ちゃんと考えればわかるんだから、突発的にあれこれ言わないよう気をつけなよ。（デコピン）

千夏津　いたっ。うん、気をつける。また会ったときにちゃんと謝らなきゃな。

結弦　多分すぐ会えるよ。綾人、よく図書室にいるし、今日来てたってことは、夏休み中また来るんじゃないかな。

千夏津　そっか、よかった。

結弦　じゃ、ちゃんと反省もしたし、自由研究はじめるか！

千夏津　うん！

結弦　じゃあ俺、他にもないか探してみるねー。

千夏津　はーい。

結弦退場。千夏津、本を読みはじめる。暗転。

第二場

明かりがつく。綾人、座って本を読みながらメモをとっている様子。そこへ結弦、千夏津が入ってくる。

結弦　失礼しまーす。うおっ、めっちゃ涼しー。クーラーきいてるー。

千夏津　本当だ！　最高ー、……って、あ！　君！

綾人　えっ！　あっ。

千夏津　あのさ、えっと……この間はごめんね、ずいずいいっちゃってさ。別に私の本じゃないのに自分勝手だったよね。これからは気をつけるからさ、怖がらないでほしい……かな。

綾人　（深呼吸）大丈夫ですよ。確かにあの時は驚いたし、怖かった……のも事実ですけど、悪気はないんでしょうし。

千夏津　よかったぁ。

綾人　あ、逆にごめんなさい。僕、緊張するとつい吃音がでてしまってうまく話せないんです。直そうと努力はしているんですけど……。聞こえにくかったですよね。

千夏津　そんなことないけど？　君、声通ってて綺麗だし、けっこう聞こえやすかったけどな。

結弦　そうそう、全然聞こえづらくなかった。それに、今吃音がでていないってことは緊張してないってことだよね。それが俺はうれしい！

千夏津　確かに……、あ！　そうだ！　私、自己紹介まだだったよね。それに君の名前もよく知らないし。私、茅野千夏津！

綾人　僕は飯塚綾人。

結弦　俺は……知ってるよね。
綾人　はい。同じクラスでしたよね。森結弦くん。
結弦　そ！　あ、ごめん。俺、クセで勝手に下の名前で呼んでたけど、いやだったりする？
綾人　全然平気です。
結弦　本当？　よかったー。あ、結弦でいいからね。
綾人　はい。
千夏津　あと、同い年なんだし敬語やめない？
綾人　うん……そうだね。
結弦　あ、そういえば綾人も自由研究、古代生物にしたの？
綾人　あ、うん。
千夏津　へー好きなの？
綾人　んー、確かに海の生物とかは好きなんだけど、やるって決めたのは篠原先生がすすめてくれたからかな。
結弦　おぉー、ももちゃん先生が。センスいいなぁ、あの人も。
綾人　結弦くんは好きなんだよね。
結弦　そうだよー！

千夏津、話が長くなることを悟り本を読みはじめる。

綾人　いつごろから好きなの？
結弦　けっこう小さいときから！　俺、昔からよくじーちゃんに海につれてってもらってて、じーちゃんの話聞いてるうちに好きになったんだ。ここには、何千何万もの生き物が住んでいて昔から生き物はどんどん進化していってるんだぞーって、いっつも聞かされていたなぁ。
綾人　そうなんだ。
結弦　綾人は古代生物で何か好きなやつある？
綾人　んー、そうだなぁ。僕はアーケロンかな。小さいころからカメが好きで。
結弦　アーケロンか。俺も好きだなぁ。綺麗だし。あっ、でも1番好きなのは、クレトキシリナ！
綾人　クレトキシリナって、サメみたいなやつだっけ？
結弦　そう！　最も恐いとかいて最恐って言われてたサメでさ。すっげー強くて、でかくて。だから俺はクレトキシリナが好きだな。
綾人　そっかぁ。茅野さんは何か好きなものある？
千夏津　私？　私は……あ、これとか綺麗でかっこいいかも。
綾人　エラスモサウルス、
結弦　エラスモサウルスかぁ、それは結構有名だよね。
千夏津　全長10m……ってうわ、めっちゃでかいじゃん。
結弦　首が長いからさ。エラスモサウルスといえば、童謡もあるんだよ。
綾人　そうなの？　そんなに有名なんだ。
千夏津　ねー、それよりさ、自由研究やらない？　話すなら、やりながらでいいじゃん。
結弦　あー、そうだね。あ、じゃあこの前見つけた本持ってくるわー。
綾人　うん。
千夏津　あ、そういえば飯塚くんは自由研究、もう結構進めてる？

綾人　ううん、まだ気になった生物をピックアップしてるだけなんだ。

千夏津　そっか、じゃあ一緒にやらない？　私らも古代生物についてやるんだよね。

綾人　２人がいいなら。

千夏津　私は全然、むしろ一緒にやりたい。その方がはやく終わらせられるしさ！　多分あいつも喜ぶと思うんだよね。

結弦　もってきたよー。

千夏津　ありがとー。あのさ、さっき2人で話してたんだけど自由研究同じものやるし、３人でやらない？

結弦　いいね！　やろうやろう！

千夏津　じゃあ決まりだね、さ、やろっか。

綾人　うん。

３人それぞれ準備する。

綾人　あ、そうだ。２人に聞きたいことがあるんだけど、

千夏津　どうしたの？

結弦　（かぶせて）なに？

綾人　僕、さ、緊張すると吃音が出ちゃうって話したでしょ？　その時、２人とも吃音のこと知ってる感じだったし、悪いように思ってる感じじゃなかったから何でかなって。ほら、僕が今まで関わってきた人たちは、吃音のこと知らなかったり、よく思ってない人が多かったから、何で、そんなに快く受け入れてくれたのかなって思って。

千夏津　そんなことか。

綾人　そん、なこと。

千夏津　あ、えっと、ごめん！　そんなこと、なんて簡単なこととしてとらえてるみたいに聞こえるよね。そういうわけじゃなくて、えーと……。

結弦　千夏津にとっては別に気にしたり、気にさわったりするようなことじゃないって言いたいんでしょ？

千夏津　そうそう、そういうこと！　ほんとごめん！

綾人　ううん、平気だよ。茅野さんに悪気がないのは分かってるから。

千夏津　ありがとう！　で、さっきの話だけど私が吃音を知ったのはテレビでちょろっと見たことがあるからかな。

綾人　たまにやってる番組あるもんね。

千夏津　そ、それで知っただけだから吃音についての知識全然ないんだけどね。あと、吃音は別にいい・悪いっていう話じゃないから、受け入れるも受け入れないもないかな。

綾人　そっ……か。（少し安心しているような、うれしそうな様子）

結弦　俺は、綾人と同じクラスになって、そこで初めて吃音ってものをちゃんと知ったかな。

綾人　僕？

結弦　そ、綾人が吃音が出てるのを見たときに、あれ……テレビでみたことあるんだよなぁ、何て言ってたっけ

なぁって思って調べて、そこで詳しいことを知ったんだ。

綾人　何で調べてまで……。

結弦　単純に気になったからってのもあるんだけど。……俺、じーちゃんみたいな人に……海のような人になりたくて。

綾人　海のような人？

結弦　そう。俺、じーちゃんとよく海に行ってたって話したじゃん？　その時にじーちゃんが「海のように何でも受け入れられるような人間になりなさい。違いを受け入れ、その人の居場所となるような人間になりなさい。」って言ったんだ。

綾人　違いを、受け入れる……。

千夏津　結弦のおじーちゃんかっこいいよねー。私も結弦のおじーちゃんの言葉に救われたって感じでもあるし。

綾人　そうなの？

千夏津　うん。私ね、知ってると思うけど、思ったことすぐ言っちゃったり自分勝手だったり、けっこう嫌な性格してるんだよね。だからいろんな人から嫌われて、友達いなかったんだー。でも結弦だけは私のことちゃんと叱ってくれて、支えてくれて、離れないでいてくれた。まぁ、幼なじみだからってのもあるんだろうけど、おじーちゃんの教えが大きいと思うんだよねー。

結弦　俺には感謝してねーみたいな言い方だな。

千夏津　いや感謝してるよ？　とーっても感謝してる。

結弦　なんかうぜー。確かにきっかけはじーちゃんだったかもしれないけどさ、俺にも俺なりの思いとか考えとかがあるわけよ？　あこがれだけで動いてるわけじゃねーの。

綾人　結弦くんのかかえてるものが原因だったりする？

結弦　え？

綾人　あ、ごめん！　話したくないことだったら別に……。

結弦　いや、平気平気。千夏津だって知ってるし、綾人は新学期の自己紹介で話したからしってるよね、俺の性別について。

綾人　うん、ＦＴＭって言ってたよね？

結弦　そう、ＦＴＭ。体の性別は女なんだけど、心の性別は男。俺はけっこう自分で言ってるから大抵の人が知ってるんじゃないかな。

綾人　そうなんだ。

結弦　まぁ世の中そんなに都合がいいわけじゃないから認めてくれなかったり、嫌なこと言われたりしたんだよねー。それでさ俺、思ったんだ。こういう思いしてるの俺だけじゃないんだよな、俺以外にもたくさん苦しんでる人いるんだろうなって。だから俺が、そういう人たちの居場所になりたいなって思ってさ。

綾人　かっこいい……な。

結弦　そんなことねーよ。1番かっけーのはじーちゃん。

千夏津　結弦のこと受け入れてくれたのって結弦のおじいちゃんが最初なんだよね？

結弦　うん。俺が悩んでる時に話を聞いてくれてさ、「お前はお前、それは変わらない。お前の好きなもの着て、お前の好きなようにしたらいい。」って言ってくれたんだ。

その言葉のおかげで俺は本当の俺をだすことができた。だから俺はじーちゃんも海も好きだし、あこがれなんだ！

綾人　海って種類の違う生き物がたくさん住んでいるから……。

結弦　そうそう！　それが違いをみとめてるみたいだし、違いってすばらしいんだって言ってるみたいだなって思って！

綾人　だから海のような人……か。やっぱかっこいいよ。認めてくれるような居場所が少ない、身近にいないからって自分がなろうって行動できる人なんてなかなかいないし、僕も救われたし。

千夏津　うんうん。こいつ考えとか行動とかはかっこいいんだよねぇ。こんなこと言うとすぐ調子にのるからあんま言わないけど。

結弦　お！　マジ、マジ？

千夏津　あーあーめんどくさー。私飲み物買ってくるわー。ダル絡みいやだし、のどかわいたしさー。

結弦　つめたー。あ、俺、コーラがいい！

千夏津　はぁ？　んー、まぁついでだし良いけどさぁ。飯塚くんは何かいる？

綾人　あ、えっとーじゃあサイダーで。

千夏津　りょーかい！　じゃ、２人で自由研究進めといてねー。

結弦　お前本当の目的はさぼりだろ！

千夏津　正解ー。じゃよろしくー。

結弦　ったくあいつは……。じゃあ俺らは進めよっか。

綾人　そうだね。

２人自由研究を始める。

綾人　ねぇ、結弦くん。

結弦　んー？

綾人　結弦くんはさ、どうしてそんなに頑張れるの？

結弦　え？

綾人　あ、いや、自分が認めてもらえなかったっていうことがあったのに、どうしてそんなに相手のために頑張れるんだろうなって思って。

結弦　んー、自分のためでもあるから、かな。

綾人　自分のため？

結弦　うん。自分が相手に求めることはきっと相手も求めてることだから、俺から始めてって世界中に広まって、いつかは俺も認められればいいなって。

綾人　そういうことか。……自分のために頑張る……。僕も頑張ってみようかなぁ。

結弦　何を？

綾人　あ、いや、個人的に始めてみたいことがあって、それを。

結弦　そっか、綾人ならきっとできるよ！　応援してる。

綾人　うん、ありがとう！　じゃあやろっか。

結弦　そうだな！

暗転。少し長い。

第三場

綾人のサスが入る。

綾人　うん、最近バイト始めたんだ。平気だよ、吃音、今のところでないでできてる。まぁ、始めたばかりだからお客さんとあまり関わらないからってのもあると思うけど……。うん、楽しいよ、……あっ、お、お、父さん。は、は、はい。バ、バイトは始めました。い、い、今はで、で、でてますけど、ふ、ふ、ふ、普段はへ、へ、平気なんです。……え、だ、だだ大丈夫です。で、で、できます。……は、は、はい。わ、わかりました。

綾人のサスが消え、結弦のサスが入る。

結弦　んー何ー？　俺もう出かけようと思ってたんだけど……あ！　それ！　何で持って……。……別に誰でもいいじゃんか。ああ、そうだよ。つきあってるよ！　母さん、それ返して！……は？　何で今さら……俺ちゃんと言ったじゃん。男だって、女の子としては生きられないんだって……。でもって……そんなの言われたって無理だよ……。うるさいな！　いいだろ！　母さんには関係ないから。ほっといてよ！

サスが消える。全体の明かりが入る。
綾人が海のほうを眺めている。

綾人　はぁ、何で僕はこんななんだろうな……。

そこへ結弦が入ってくる。

結弦　はぁー。……あ、綾人、来てたんだ。

綾人　あ、結弦くん。……ちょっと家でいろいろあって逃げてきちゃった。

結弦　そっか。俺でよければ話聞こうか？　話せばすっきりすることだってあるだろうし……。

綾人　……うん。……僕、ね、最近バイト始めたんだ。

結弦　へーいいじゃん。何のバイト？

綾人　飲食の。知らない人とか関わりをもった目上の人と緊張せず、吃音ださないように話せるようになりたくて。

結弦　そうなんだ。どんな感じ？

綾人　いい感じだよ！　今のところ吃音はでてないし。まぁ、まだ皿洗いとかしかやってないからではあると思うんだけど。緊張しても深呼吸したりあがらないように、あせらないで話したりしながら何とかやっていけてるんだ。

結弦　すげーじゃん。楽しい？

綾人　うん、すごく楽しいよ。先輩とか店長とか、やさしい人ばかりなんだ。

結弦　そっか。

綾人　バイトは、すごく順調にいってるんだ。だけどお父さんがちょっと……。

結弦　お父さん？

綾人　うん……。僕のお父さん、考え方が固くて偏見っていうか価値観が世の中の常識に偏ってるってかんじなんだよね。世間の「普通」にしばられて、こうあるべきなんだっておしつけてくるんだ。僕、お父さんと話すとき緊張しちゃって……怖くて……吃音がでちゃうんだ。それで、「もっとはっきり喋りなさい。普通に喋りなさい。」ってよく言われるんだ。

結弦　俺の母さんに似てる。「普通」にしばられて、「普通」をおしつけてくるかんじ。そのお父さんと何かあったの？

綾人　うん。僕、お父さんには何言われるか怖かったからお母さんにだけ、バイトの話をしたんだ。それを、お父さんに聞かれてて「お前は普通に喋れないだろ？　恥さらしなんだからすぐにやめなさい。」って。そのことに対して言いかえすことができなくて、そんな自分がくやしくて。

結弦　そっか。

綾人　頑張るって、決めたんだけどな。けっきょく何もかわってないや。

結弦　そうかな？　バイトを始めたってことが大きな一歩だと思うよ。

綾人　え？

結弦　今まで怖くてふみだせなかった一歩をふみだせたわけでしょ？　何かを始めるってけっこう勇気がいることだと思うし、その勇気をふりしぼって新しいことを始めたっていうのは一つ自信をもって良いことだよ。

綾人　そう……かな。

結弦　そうそう。人なんてそう簡単にかわれるわけじゃないじゃん？　徐々にかわっていくものだと思うしかわろうとして一歩ふみだした綾人はすごいと思う！

綾人　……ありがとう。少し気持ちが軽くなった。

結弦　そりゃよかった。

綾人　じゃあ次は結弦くんの番。

結弦　え？

綾人　いつもより元気ないよ？　何かあった？

結弦　隠してたつもりだったんだけど……。

綾人　バレバレだよ、雰囲気がいつもと違ったし。僕でよければ話聞くよ？　結弦くんみたいに気の利いたことは言えないけど、愚痴でも何でも、聞くらいならいくらでもできるからさ。はきだしたらあんがい楽になるかも。あ、嫌ならいいんだけど……。

結弦　んー、じゃあ聞いてくれる？

綾人　もちろん。

結弦　俺の性別について、否定的な人もいるって言ったじゃん？　あれ、母さんなんだよね。

綾人　お母さん……か。

結弦　うん。まぁ他にもいるんだけどね、悩みの種は母さんかな。父さんは、受け入れてくれたんだけど、母さんは受け入れてくれなかった。「母さんはあなたのこと娘としてうんだのよ？　あなたは女の子なの。お願い女の子らしく生きて」って。

綾人　……。

結弦　女の子らしくってなんだってかんじだよなぁ。……とりあえずは父さんとじーちゃんが話してくれて、少しのことは許してくれたんだ。でも、まだ少しだけで……。女の子と付き合うのは許してくれなかったみたい。付き合ってる先輩との写真が母さんにみつかっちゃって、これ誰よ、まさか付き合ってるわけないわよね、女の子となんて……って、問い詰められて、付き合ってるよって言っちゃったんだよね。案の定めんどくさいことになっちゃった。女の子として生きてはくれないか、お願いって。今更いわれたってムリだっつーの。

綾人　そっか。

結弦　本当に意味わかんないよなぁ、まじで……。あぁ、もうムカつく！　綾人！　愚痴、はきだそう！　海に向かって！

綾人　え？

結弦　俺もう限界！　全部吐き出した方がすっきりすると思うし！

綾人　う、うん。

結弦　じゃあ俺から。俺は先輩が好きだ！　俺は男だ！　勝手に女だなんて決めつけるな！　よし、次！

綾人　うん。（大きく息をすって）僕は確かにうまく喋れないこともあるけど！　僕だってできることはあるんだ！　挑戦してみなきゃわかんないだろ！　だまってみてろ！　クソおやじー？

結弦　結構口悪いんだな、綾人。

綾人　はきだしたいこと素直にはきだそうと思って。始めてクソおやじなんて言葉つかったけど。けっこうすっきりした。

結弦　そっか！　そりゃよかった！　んじゃ、俺はもうちょっと、（近くにあったイスをもってきてその上にたつ。窓のほうを向いて一つ深呼吸をする）

綾人　結弦くん、危ないよ！

結弦　平気だよ！　うっわぁ、海、綺麗だなぁ。イスにのぼったほうがよくみえる！

綾人　気をつけてね？

結弦　おう。ふー、よし。普通って何だよ！　普通じゃなきゃおかしいのかよ。この世界にはたっくさんの人がいるのに、みんながみんな同じなわけねーだろ！　違いなんかあって当然だろうがぁ！。はぁー！　けっこうすっきりしたー？……あーあ、俺も海の一員になっちゃえば楽なのかなぁ。

綾人　え？

結弦　海なら、周りと違う俺のことも受け入れてくれる気がするんだよねぇ。いっそのこと海の一員になちゃおうかなぁ、なーんて……。

綾人　（さえぎって）だめぇぇぇ？（綾人、イスの上から結弦をおろす）

結弦　うわぁ！……い、てて、何やって……。

綾人　それはこっちのセリフだよ！　何やってんの、バカ！　嫌だよ？　死んじゃうなんて嫌だよ……。
結弦　え？　死ぬ？　誰が？
綾人　結弦くんがでしょ。
結弦　何で？
綾人　何でって、今飛び降りようとしてたでしょ？　海の一員になれたらって！
結弦　あ！　それ？　ちがうちがう！　確かに言ったけど、そういう意味じゃないから！　死ぬつもりとかいっさいないから！
綾人　……え？
結弦　単なる冗談みたいなもんだから！　ほら、有名人になってみたいなぁとかそういうのと同じかんじ！
綾人　……よかったぁ、びっくり、した……。
結弦　え、あっ、な、泣いてんの？　ごめんって！　そんなに驚いた？
綾人　う……ん。本、当に心臓に悪い。（そこへ先生が入ってくる）
先生　ちょっと！　何か騒いでたみたいだけど大丈夫？
結弦　あ、ももちゃん先生……。
先生　飯塚くん、どうしたの？……まさか、
結弦　え？　あ、俺は泣かしてないですよ？
綾人　結弦くんに泣かされました……。
先生　やっぱりー。
結弦　え？……まぁ、部分的には泣かしたことになるのか。
綾人　けど、解決したので大丈夫です。
先生　そっか。……2人ともそれぞれ悩みがあるんだろうけど先生は2人の味方だからね。
結弦　まさか、聞こえてた？
先生　外に向かってあんな大声で言ってるんだから聞こえるに決まってるじゃない。まぁ、とにかく、悩みがあってどうしても自分たちで解決できないときは言いなさいよ？　図書室の先生だってたぁーくさんの本の管理をしてたぁくさんの登場人物を見てきたわけだから、色々とそれなりに理解はあるつもりだし。

結弦、綾人、顔を見合わせて笑う。

結弦　はい！　ありがとうございます！
綾人　（かぶせて）はい！　ありがとうございます！
先生　あと君たち、自分自身が自分のことを認める、受け入れるっていうのも大切だからね。
結弦　え？
綾人　（かぶせて）え？
先生　「自分自身が俺は俺でいいんだ、僕は僕でいいんだ！」って思ってあげることも大切だよってこと。若者よ、自分の道を行け！
結弦　あ……はい。
先生　じゃあ、あまりさわぎすぎないように！　危ないことはしないでねー。
綾人　はい……。

先生退場。

綾人　先生には、何でもお見通しって感じだったね。

結弦　そうだな。自分自身が自分を認める、か。確かに俺自身、おかしいよなとか、何で普通に産まれてこなかったんだろうとか思ってたもんな……。

綾人　僕も。何で普通に喋れないんだろうなとか、こんな自分嫌だなとか思ってたかも。

結弦　普通ってなんだって嘆いていた俺らが一番普通にこだわってたのかもなー。１回自分自身と向き合うってのも大切だよな。

綾人　そうだね。……あと結弦くん。

結弦　ん？　何？

綾人　困ったこととか、悩みごととかはきだしたいことどかあればいつでも言ってね。篠原先生には言えないような男の子の悩みとかもできると思うし。だから遠慮なく言ってほしいんだ。

結弦　……。

綾人　結弦くんが僕の居場所になってくれたように、僕も結弦くんが安心できるような居場所になりたいから。

結弦　うん！　ありがとう！　綾人もな！

綾人　うん！

綾人　……あっ、

結弦　ん？　どうした？

綾人　お母さんから電話。ちょっと、でてくるね。

結弦　お、おう。

そこへ、千夏津が入ってくる。綾人と千夏津すれちがって、綾人退場。

綾人　あっ、茅野さんこんにちはっ。

千夏津　おぉ、飯塚くんやっほー。

綾人　（さえぎって）ごめん、ちょっと。

千夏津　……あれ？　どうかしたの？　てか、飯塚くんも来てたんだね。

結弦　あ、うん。家で色々あったらしくて。今は電話しに行った。それより千夏津はどうしたの？　今日、約束してたっけ？

千夏津　してないよ。結弦のお母さんから電話がきて、喧嘩して結弦が出て行っちゃったんだけどどこにいるか知らないかって。で、もしかしたらと思って来たわけ。話は一通りお母さんからきいたから。

結弦　そっか。迷惑かけてごめん。

千夏津　別に、迷惑だなんて思ってないから！　あと、お母さん結構思い詰めてる感じだったよ？　写真見つけて、頭の整理が追い付かなくてあれこれ言っちゃったの、ひどいこと言って結弦を傷つけちゃった、あんなこと言っても何も変わらないのにねって。

結弦　母さんが……。

千夏津　１回、ちゃんと話してみなよ。お母さんだって結弦だって色々思ってることはあるんだろうし内に秘めてるだけじゃ何も変わんないでしょ！

結弦　ん、そうだな。ありがとう！　千夏津！
千夏津　（微笑んで）いーえ！
綾人　……話し終わったかな？
結弦　あっ綾人！　ごめん、入りづらかったよな。
綾人　ううん、そんなんじゃないよ。
結弦　電話ってやっぱりあれ？
綾人　うん。なんか、お母さんがお父さんと話してくれたみたいで。お父さんにちゃんと向き合ってくれるよう言ったから心配しないで落ち着いたら帰ってきてねって。後、……お母さんは綾人の味方だから1人で抱えないようにって言ってくれた。
結弦　そっか、心強いお母さんだな！
綾人　（嬉しそうに）うん……。
千夏津　何かあったの？
綾人　あ、うん。お父さんと、ちょっと……。でも、解決したから大丈夫！
千夏津　そっか、ならよかった！
結弦　あぁー！　なんか色々とすっきりした！　俺ももう1回ちゃんと母さんと話そうと思う！
綾人　うん、僕も自信がついたし、もやもやがはれた。僕もお父さんとちゃんと話そうと思う。
千夏津　そうと決まればさっそく行動！
綾人　そうだね！
結弦　じゃあ帰るか！
綾人　うん！

2人片づけなどをしている。暗転。少したち、綾人のサスが入る。

綾人　あ、あの、お、おお、お父さん……。（深呼吸）お父、さん、バイトの件でお話があります。……確かにぼ、僕は吃音です。聞き取りづらいことはあると思います。で、でも僕頑張りたいんです、成長するために。なので、バイト、続けさせてください。吃音がでてしまうこともあるかもしれません。でも、それも僕の個性なんです。人と人との違いなんです。僕の吃音に対して否定的な人はいます。でも、それと同じで受けいれてくれる人もいます。……僕は、僕なりに頑張って挑戦していきたいんです。だって、

綾人のサスが消え、結弦のサスが入る。

結弦　えっと……母さん、ちょっと話せる？……うん。俺のほうこそごめん、感情的になってた。母さんが言ってることも、理解はできる。俺だって、何で普通に産まれてこなかったんだろーとか思ってたし。でも今は違う。俺は俺でいいんだって思ってる。普通じゃないって思うかもしれない。でも人それぞれ違いがあるわけで、普通の女の子、男の子なんて関係ないと思うんだ。……母さんの気持ちには答えてあげられない。だから受け入れてもらうしかない。でも俺は、母さんが受け入れられるまで待つしいくらでも説得するよ、だって、

暗転。２人のサスが入る。

綾人　僕らしく、生きたいから。
結弦　（かぶせて）俺らしく、生きたいから。

暗転。

第四場

部屋では綾人が座って本を読んでいる。そこへ、結弦が入ってくる。

結弦　あれ、綾人はやいねー。
綾人　そんなことないよ。僕もさっき来たばっかりだから。
結弦　そっか。あ、あのあと、どうだった？
綾人　ちゃんとお父さんと話せたよ。僕の気持ちもちゃんと伝えられた。それでバイトのこと、続けていいって！
結弦　おぉ！　よかったじゃん！
綾人　うん！　結弦くんはどうだった？
結弦　俺もちゃんと話せたよ。自分の思いとこれからどうしていきたいか。そしたら今のお母さんはすぐに受け入れることは無理だけどちゃんと向き合ってくれる。あと、先輩のことも応援してくれるって。
綾人　やったね！
結弦　うん！

そこへ、千夏津が入ってくる。

千夏津　あれ、私が１番だと思ったのに、２人ともはやいね。
結弦　そんなことねーよ、俺も綾人もさっき来たばかりだし！
綾人　こんにちは、茅野さん！
千夏津　２人ともテンション高いね。……ちゃんと話せた？
綾人　うん！
結弦　（かぶせて）おう！
千夏津　そっか！　よかった、よかった。
結弦　ありがとな。
千夏津　いいってことよ！……よーし、じゃあそんな２人に私がアイスおごってあげよう！
結弦　えー！　まじ？　まじ？
千夏津　まじ。解決記念のアイスってことで、今日は私のおごり！
結弦　やったー！
千夏津　ちなみにアイスは佐藤のおばあちゃんの売店だからね。
綾人　あそこのアイスおいしいよね！　僕も好きだな。
結弦　俺もー！　俺チョコアイスにしよーっと！
千夏津　私は……メロンにしようかなぁ。飯塚くんは何にする？

綾人　僕は、ラムネかなぁ。

千夏津　あー、ラムネもいい……。迷っちゃうなぁ、んー、私、先に行って選んでくる！　２人とも早く片づけて来てねー！

結弦　はーい。

千夏津退場。綾人、片づけを始める。

結弦　なあ綾人。

綾人　ん？　どうしたの？

結弦　俺さ、あの時、海の一員になれればなあって言ったじゃん。

綾人　うん……。

結弦　でもね、今はなれなくてもいいかなって思ってるんだ。今の俺でも誰かに認めてもらえるし、誰かの居場所になれるって分かったら。

綾人　うん、そうだね！　海の生き物じゃなくたって違いを、個性を、僕を受け入れてくれる場所があるから。

結弦　俺は、俺らしく。

綾人　（かぶせて）僕は、僕らしく。

２人、顔を見合わせて笑う。

結弦　さ！　千夏津の気分がかわらないうちに早く行こうか。

綾人　うん！　そうだね！

２人退場。

――幕――

くノ一の道

小池恵愛

登場人物

お七　天涯孤独の少女。
松　世直し霧生。剣の腕前は一流。
竹　世直し霧生。しっかり者。
梅　世直し霧生。優しい。
猿一　悪党の親玉。怒りっぽい。
ひばり　猿一の右腕。常に冷静。
お鶴　猿一の部下。明るい。
ちよ　呉服屋姉妹の姉。気が強い。
すみ　呉服屋姉妹の妹。おっとりしている。
藤乃　ちよとすみの継母。ケチであくどい。
ふみ　呉服屋の女中。苦労人。
お銀　ちよの友達。裕福な家のお嬢様。
お市　亡くなったお七の姉。くノ一。
その他、瓦版屋、町人、呉服屋の客、悪党の手下、など。

横浜市立谷本中学校、2022年3月31日、初演。

第一場：夜道

江戸時代、とある町の夜道。
舞台後方、上手袖から下手袖にかけて台組が並ぶ。
また、中央の台組には階段。
開幕と同時に、緊迫した音楽が流れてくる。

声　きゃーーーー泥棒ーー！

照明はホリゾント。役者はシルエットで見える。
上手側から平台の上を傷を負ったお七が、風呂敷を抱えて足をひきずりながら走ってくる。
中央の階段を下り、猿一らと合流。照明も地明かりに。
同時に追手が来るも、お七に気づかず通り過ぎる。

お七　ちゃんと……盗ってきたぞ……。（へなへなと座りこむ）

猿一、ひばり、お鶴、風呂敷の中の小判を数えだす。

お鶴　ひい、ふう、みい……。
猿一　ちっ、こんなもんか。探せばもっとあっただろうに。
お七　それでもやることはやった、姉さんのかんざしを返せ！
ひばり　生意気な口をきくな。返すなんて言った覚えはないよ。
お七　（絶望した表情）そんな……。
猿一　まあいい。これだけあれば当分遊んで暮らせ……。
声　（遮って）ちょっと待った！

4人は驚いてあたりを見回す。

ひばり　何者だ。姿を見せろ！

台組の上に忍者のような服装をした松、竹、梅が登場。

竹　その金は、町のみんなが一生懸命働いて得たものだ！
梅　それを横取りするなんて……。
松　世直し霧生が容赦しない！

3人、決めポーズ！

お鶴　世直し霧生……なんだいそりゃ。
ひばり　黒い噂のある金持ちの家だけを狙う泥棒、と聞いたことがある。
竹　その通り。あくどい奴らを成敗する、庶民の味方！
猿一　庶民の味方あ？ははっ！　ただのくノ一じゃねえか。笑わせてくれる。
お七　（立ち上がる）くノ一……!?
松　（ニヤリとして）笑いたければ今のうちに笑っておけ。どうせお前らはあたしたちには勝てないからね！

猿一　（カチンときて）何だとぉ？　女のくせに！

梅　フフッ、痛い目見たくなきゃその金を返すことね！

ひばり　……いやだと言ったら？

松　（刀を構える）力ずくで、奪うのみ‼

猿一　いいだろう。出てこいてめえら！　やっちまえ！

殺陣のシーン。
猿一の手下たちが登場し、乱闘に。
だが、世直し霧生の３人は手下を容易く倒していく。
お七も戦わされるが、恐怖と傷の痛みで倒れてしまう。
同時に朝になり人の声が聞こえてきて、乱闘が中断。

お鶴　まずいよひばりさん人が来ちまう！

ひばり　仕方ないね。金は諦めろ、逃げるぞ！

手下は戦うのをやめ、撤退。倒れたお七が取り残される。

松　おい！　こいつは置いてくのか。

猿一　構わん、どうせそいつも捨て駒だ。煮るなり焼くなり好きにしやがれ！

猿一らは下手にはけ、竹と梅は金を回収しだす。

梅　松ちゃん、あたしらもそろそろずらかろう！

松、お七を見て何かを考え込んでいる。

竹　松ちゃん……？

松　竹、梅、少し手伝ってくれ。

松、お七を抱え上げる。四人、上手に退場。
同時に町人たちが舞台上に現れ、音楽が流れだす。

第二場：江戸の町

行商人や町人が行き交う、にぎやかな江戸の町。
ちよとすみが登場。すみは舞台を走り回る。

すみ　お姉さま、こっちよこっち！

ちよ　すみ！　危ないから走らないで！

すみが案の定転倒。ちよが立たせてあげる。

すみ　（泣き出す）痛いよおーー。

ちよ　だあから言わんこっちゃない。まったく……またあのババアに叱られてしまうわ。

ちよがすみをなだめていると、お銀が現れる。

お銀　あら、ちよじゃない！　それにすみちゃんも。

すみ　お銀ちゃん！

ちよ　わー！　元気そうで良かったわ！　昨晩は物騒だったものね。

お銀　ええ、こわかったわあ……。

すみ　昨日？

ちよ　ああ、すみは寝てたものね。実は昨晩、お銀のとこの店に泥棒が入ったのよ。

すみ　ええーっ⁉　大変じゃない！

お銀　そうなのよ。お客さんから預かってたお金が盗まれかけたんだけど……。

瓦版屋　（3人に瓦版を手渡す）世直し霧生が取り返した！……であってるかい？

ちよ　もうできたの、瓦版⁉

瓦版屋　おうよ、昨晩から寝ずに作ったぜ。さあ買った買った！

瓦版が飛ぶように売れていく。
町人たちも気づけばその話題で持ちきりに。

町人い　最近泥棒が多かったものね。まだ捕まってないでしょう？

町人ろ　ええ。大きなお屋敷にも軽々入られちゃうらしいわよ。怖いわあ。

町人は　大丈夫よ！　この町にも世直し霧生が来てくれたんだから！

お銀　一体どんな方なのかしらねえ。

ちよ　少しだけ、会ってみたい気もするわ。

すみ　あたしも！

ちよ、すみ、お銀と町人たち話しながらはけてゆく。
この場面の間に、台組上は世直し霧生の隠れ家に。
松、竹、梅、気を失ったお七がいる。
お七、はっと目を覚ましあたりを見回す。

お七　ここは……？

竹　お、目が覚めたかい？　傷は手当てしといたからね、動くんじゃないよ。

松　ここは世直し霧生の隠れ家だ。あたしは松。こっちが竹で、そっちが梅。（ふたりを指す）

お七　あ、昨日の⁉

竹　お前さん、名はなんていうんだい？

お七　お七です。助けていただき、ありがとうございました！

松　ふうん、で、お七。

松、急にお七の胸倉をつかみ、怒った表情に。

松　何で盗みなんてした……！

お七　ひ、ひいい。命ばかりはお助けください！

梅　まあまあ、落ち着きなよ松ちゃん。

竹　そうそう、話を聞くだけでもさ！

松、お七を離す。

お七　（咳き込む）いけないことをしたと十分わかっていま
す。ですが私も、やりたくてやったわけではありません。

松　どういうことだい。

お七　あいつらは姉さんのかんざしを奪ったんです！　盗
みの仕事をしたら返してくれるという約束でした。私は、
それにすがるしかなくて。でも……。

梅　そんなの嘘っぱちで、見捨てられたというわけか。

お七　はい。姉は皆さんのようなくノ一でしたが亡くなり
ました。だからかんざしは……その形見なんです……。
（泣き出す）

一瞬の沈黙。松が大きなため息をつく。

松　事情は分かった。でもお七、よく覚えておきな。金を
稼ぐのは、そんな簡単なことじゃない。努力して、汗水
たらして働いて、初めてそれに見合った金が手に入る。
それを奪うのがどういうことか、分かるかい？

お七　（涙をふいて）はい……！

竹　世直し霧生はそういうことが許せなくてね。町人たち
が働いて得た金を奪う、あくどい金持ちを懲らしめてる
のさ。もちろん、びた一文もあたしたちはもらったりし
ない。全部あるべき場所に返すのみ！

梅　あんたが盗んだ金も返しといた。傷が治るまでここに
いていいから、もう二度とそんなことするんじゃないよ。

お七、頷く。だが少し考え事をし、決意した表情に。

お七　（大きな声で）あの!!!　私も、世直し霧生に加えても
らえませんか!?

３人とも驚く。

お七　図々しくてごめんなさい。でも私、ここを出ても行
く当てがありません。お掃除でも雑用でも、なんでも致
します。どうかお願いです！

竹　（困ったような顔）入れてあげたいのは山々だけど
……。

松　いいじゃないか。

竹、**梅**　えぇっ？

お七　ほんとうですか！

松　ああ、度胸だけはあるようだし次の仕事にも丁度いい。

竹、梅、なるほどといった表情。

お七　次の仕事？

竹　川村屋という呉服屋が悪代官と通じてるらしくてね。
しかも、客をだましてぼったくってるなんて噂もある。

梅　でも、それが本当なのかどうしても尻尾がつかめない。
だから……。

松　お前を下見に行かせようってわけさ。

お七　わあ、ありがとうございます！

松　おっと、まだ正式に入れてやるとは言ってないからね。お前さんの働き次第だ。

お七　はい……！

松　さあ、休んでる暇は無いよ。お前を川村屋に送る前に稽古をつけないと。

お七　私でも、くノ一になれるんですか……!?

松　当たり前さ、あたいが教えるんだからね！　覚悟はいいかい？

お七　（嬉しそうに）はいっ！

第三場：呉服・川村屋

4人がはけると同時に、暗転はせず、照明が地明かりに変わる。
第二場の間に、舞台前場を呉服屋のセットに変える。繁盛する、せわしない呉服屋。女中たちが、色とりどりの反物が並ぶ店内をバタバタと行き来している。

藤乃　はい、それではお値段は（そろばんをはじいて）これほどでいかがでしょう。

客　うーん、ちょいと負けてもらえないかね……。

藤乃　（思いっきりわざとらしく）あらあ、すみません奥様。実はこれ、なかなか手に入らない上等な着物なんですの。これも最後の一つで、他ではなかなか手に入らなくって。もし奥様が買われないのでしたら別の方に……。

客　わ、分かった。ちょいと高いけど買います、買いますわ！

藤乃　（悪そうな笑みを浮かべる）毎度ありがとうございます。

客を見送った藤乃に、ふみが近づく。

ふみ　あのー藤乃様、よろしかったんですか？　あれは上等でも何でもない普通の着物では……？

藤乃　ええ。どうせ町人に布の質なんてわかりゃしないもの。

ふみ、またもや大きなため息。

ふみ　気づかれなきゃいいですけど……。って、そうじゃなくて、もうすぐ新しい女中がやって来ますとお伝えに。

着物を着たお七が登場。

お七　ごめんください！　今日から女中として参りました。おし……じゃなくって、えーと、「なな」と申します！

ふみ　ああ、丁度来ましたね。ななさん、こちらへ。

藤乃　顔が分かったからいいわ。あとはあなたに任せます。

ふみ　分かりました。

お七　私は何をすれば良いでしょうか！

ふみ　そうね……雑巾がけでもしてて頂戴。

お七　（拍子抜けする）え？　そ、それだけ？

ふみ　（無視して）皆忙しいの。店の奥だけでいいから。あと……絶対に、２階の角の部屋に入っちゃだめよ！

お七　は、はい？

不思議に思いつつも、台組の上の雑巾がけを始める。一往復したら、今度はおりて舞台の前場で雑巾がけ。同時に泥んこのちよとすみが登場。

ちよ　急いで、すみ。あいつに見つかっちゃう！

藤乃　誰にみつかるですって？

藤乃が２人に詰め寄る。

ちよ　げえ……。

すみ　あれまあ……。

藤乃　またあなたたちは着物をよごして！　河原で遊んだのね!?　あそこには身分の低い奴らしかいないから近寄るな、と何度も言ったでしょう。まったく、憎たらしいったらありゃしない。（耳をふさぐ２人）

ちよ　あの人たちはとっても親切よ！　何も知らないのに悪く言うのはやめて！

藤乃　まっ、あんな奴らと話をするなんて！　汚らしい。

ちよ　き、汚らしいのはどっちかしら！　私知ってるんだからね、あんたがお代官様にお金を……うぐっ。（口をおさえられる）

藤乃　お客様の前でっ！　そんなこと！　言うんじゃありませんっ！　ふみさん、２人を奥へ！　この子たちがいると、私の店の評判に傷がつくわ。

ふみは２人の襟をつかんで奥へ引っ張る、が動かない。また、お七はなぜか舞台前場でも雑巾がけをしだす。

ちよ　なにが「私の店」よ！　ここはお父様とお母様の店よ！　あんたのものなわけないんだから！

すみ　お姉ちゃん落ち着いて。

ふみ　（動かないちよと格闘）ちーよーさーまー！　愚痴ならあとでたーっぷり聞きますから、顔でも洗ってきてください。

もめる一同。しかしそこをお七が突っ切り藤乃に激突！

全員　ぎゃー！！！

ちよとすみは大爆笑。藤乃は怒りで震えている。騒然とする店内。

ふみ　（お七を見て焦る）ななさん!?　雑巾がけは、店の奥だけって言ったでしょう！

お七　あっ、そういえば！

藤乃　誰ですの!?　営業中に雑巾がけをする馬鹿は！

お七　も、申し訳ございません！　申し訳ございません！
藤乃　あなた、例の新入りね！　ただじゃおかないわよ!!!
お七　ひえええ、お許しを！

ちよがお七の手を引いて連れていく。

ちよ　こっち!!
お七　(よろける) え、だ、だれ？
藤乃　あっ！　こら小娘！　そいつをお返しなさい！

ちよ、あっかんベーをして、お七とともにはける。
照明が舞台後方に切り替わる。台組上に２人が登場。

ちよ　ここまでくれば大丈夫。私たちの部屋よ。
お七　こ、怖かった～。(座り込む)
すみ　(笑うのをやめる) はあ、もう、おなかが痛いわ！　あなた、なんていう名前なの？
お七　おし……じゃなくって、ななと申します。あなたたちは……？
ちよ　私はちよで、こっちは妹のすみ。この店の娘。
お七　ん？　ということは私が突っ込んだのは……。
すみ　(しかめっ面で) 私たちのお母様。
お七　なんで助けてくれたんですか！

２人、また大爆笑。

すみ　私たち、あの人のこと大っ嫌いなの。
ちよ　血は繋がってないわ。本当のお母様が流行り病で亡くなってからの後妻よ。でもお父様も、お母様と同じ病気で……。
すみ　(むすっとして) 今はあの人が店主ってわけ。
お七　しかし、なんでそんなに嫌うんです？
ちよ　あの人の商売の仕方よ。ほら、あれ見て。

見ると、台組の逆側には代官の姿が。
何やら怪しげな箱を持って中央の階段を上る藤乃。
３人は聞き耳を立てる。

藤乃　お待たせしました。
悪代官　か、髪が乱れているが、大丈夫か？
藤乃　先ほど一騒動ありまして……。いえ、そんなことは良いのです。どうぞこちらをお納めください。(ニヤリと、わざとらしく) 川村屋のおまんじゅうでございます。

さっきの箱を差し出す。中には金銀が。

悪代官　川村屋のおまんじゅうは、あんこがたっぷり入っていてうまいからなあ。(にやりとする) 川村屋、お主も悪よのう。
藤乃　いいえ、お代官様ほどでは。おほほほほ。

３人、聞き耳をやめる。

お七　やっぱり本当だった！　あれは、
すみ　わいろよ！　わ、い、ろ！　お父様もお母様も、生きていたら絶対あんなことしないわ。
ちよ　私たち、川村屋を取り戻すために頑張って抵抗したのよ？　でもその度にあのババア、ひっぱたくわ、ご飯抜きにするわ、部屋に閉じ込めるわ……。
お七　しかし……そんな仕打ちをうけて、何であんなに強くいられるんです？

しばらく考えるちよとすみ。

すみ　お姉ちゃんがいるから！（同時に）
ちよ　すみがいるから！（同時に）

笑いあう２人。

すみ　２人なら、さみしくないもんね！

仲睦まじげにじゃれる姉妹。
お七は微笑みながら静かに眺める。

お七　（ポツリと）いいなあ。
ちよ　そうかしら？
お七　……私の家族はみんな、いなくなってしまったので。
２人　!?

お七の頬に涙が伝う。慌てて拭くも、止まらない。

お七　も、申し訳ございません！　昔のことを、家族を、思い出してしまって。……いけませんよね、こんな泣き虫じゃ！

２人は顔を見合わせる。
すみ、おもむろにお七に抱きつく。

お七　すみさん……？
すみ　泣かないで！　ななはもう一人じゃない。私たちがいるもん！

ちよも真似して抱きつく。少しよろけるお七。

ちよ　そうよ！　私たち、もうともだちでしょう？
お七　ともだち……。私が!?

２人ともうなずく。

ちよ　辛くなったら来て、かくまってあげるから！　それに……。（笑いながら）またあの人のこと、ぎゃふんと言わせてやってよ！
お七　（思わず吹き出す）あはは！　ありがとう、ちよ、すみ！

声　ななさーん！

階下からお七を呼ぶ声が。

お七　どうしよう、見つかっちゃった⁉

ちよ　いや、たぶんあの人の声ではないから大丈夫。

お七、おそるおそる中央の階段を下りる。
舞台には女中が一人いるのみ。
しかし次の瞬間、女中はお七に襲い掛かり、小刀をお七の首にに当てた！

お七　だ、だれだ……。

女中　声を聞いても分からないかい？

お七　（はっとして）もしかして、ひばりか！

ひばり　やっと気づいたな。もう死んだと思っていたが、こんなところで何をしている？

お七　それはこっちの台詞だっ！（小刀を払いのける。）

お七、近くにあった棒をとって構える。

ひばり　へえ、剣術なんて覚えたのかい。

お七　ああ。松様にな。私はもう悪党じゃない。世直し霧生のくノ一だ！

ひばり、笑いだす。

お七　何がおかしい！

ひばり　お前が？　笑わせてくれるな。一人じゃ何もできない癖に。くノ一なんてつとまるもんか。

お七　そんなこと、やってみなくちゃ分からないだろう。ひばり。あんたも悪党なんて止めなよ！

ひばり　（小刀を振る）黙れ！　お前はいいよな、やり直せるんだから。私たちはまっとうに生きたって、元から身分が低い。下手すりゃ罪人よりだ！　私たちの痛みが、お前に分かるのか！（首に小刀をあてる）

お七は何も言い返せず硬直する。そこに袖から声が。

声　うるさいわねえ、誰かいるの－？

ひばり　（驚いて小刀をしまう）ごめんなさい、もう戻ります。

お七はまだ棒を向けたまま。

ひばり　最後に一つ、教えてやる。私たちも次の狙いはこの店だ。そして猿一はここの娘２人を人質に取る気でいる。

お七　なっ……⁉

ひばり　お前じゃ猿一に敵わないってことぐらい分かるだろう？　あいつらにつくかあたしたちにつくか、よく考えな。

お七　松様たちを裏切れと……？
ひばり　娘の命が惜しければね。あ、あと……。

懐から何かを取り出して投げる。

ひばり　それは返してやる。金にならなかったからな。

ひばりははけ、お七は包みを拾い上げる。
お七がずっと求めていた姉の形見が入っていた。

お七　姉さんの、かんざし……。

お七、かんざしを抱え、すわりこむ。

お七　姉さん、私、どうすればいいの……？

暗転。

第五場：再び、川村屋

真夜中の川村屋。
台組の上で、ちよとすみが寝ている。

すみ　お姉ちゃん、起きてる？
ちよ　うん、起きてる。

2人とも起き上がる。

ちよ　なんか、眠れないわね……。

すると、どこからか物音がして猿一とお鶴が現れる。

お鶴　今晩は。ちよちゃん、すみちゃん！
すみ　お鶴ちゃん、猿一さん!? どうしたの、こんな時間に。
ちよ　驚いたわ。わざわざ来なくたって、明日も河原にいこうと思ってたのに。
猿一　今日は遊びに来たんじゃねえんだ。

照明が舞台前場に切り替わり世直し霧生の4人が登場。
千両箱を持っている。

竹　よくやったお七。まさかここの店主が代官と繋がっていたとはね。やっぱり噂は本当だったんだ。
お七　あ、ありがとうございます。
松　じゃあ行くぞ。この金を返しに行こう。
3人　はっ。

お七以外ストップモーション。

お七　（かんざしを髪にさす）姉さん、私に力を貸して下さい。

お七が顔をあげると同時に、照明が地明かりに。
猿一、ひばり、お鶴と、人質にされたちよとすみが登場。

猿一　よお！　待ってたぜ世直し霧生！
梅　お前らは、あの時の！
猿一　俺は根に持つ性分でね。あの時てめえらに取られた金の恨みは忘れちゃいない！
松　ったく、また倒されに来たのかい。懲りないねえ。
お鶴　今日倒されるのはあんたたちの方さ！
ひばり　その金をよこしな。そしたらこいつらは離してやる。

お七がいるのに気づき、驚くちよとすみ。

ちよ　なな!?　何でいるの!?
お七　ごめん、事情はあとで説明する！
竹　あんたらがその子たちを刺す前に、成敗してやるよ！
猿一　ほう、やってやろうじゃねえか。お前ら、かかれ！

前回よりもさらに沢山の手下が現れる。

松　何人来たって同じだ！

殺陣のシーン。

猿一は人質に刃をあてる。
竹、梅、お鶴は戦いつつはける。お七vsひばり。
松は大量の手下を相手にして身動きがとれない。

ひばり　さあ、どうするお七。こいつを斬れば、あの子たちの命は助けてやるよ。

背後には、背を向けた松。目の前にはちよとすみが。

お七　私はっ……。

全員ストップモーション。照明が後方に切り替わる。

第五場：回想

台組の上で幼いお七が泣いている。
すると、姉のお市が近づいてくる。

お市　お七！　こんなところにいたのね。
お七（幼）　……。
お市　また稽古で誰にも勝てなかった？
お七（幼）　……みんながね、お前は才能がないから諦めろって。
お市　お七はどうしたいの？
お七（幼）　私も、姉さんみたいなくノ一になりたい。色んな人を助けたい！

お市　それならなればいい。確かにあなたにくノ一としての才能はないかもしれない。あなたが選べる道は他にもたくさんあるわ。だけど、何よりも一番大切なのは、お七が進みたい道を進むことよ！

お七（幼）　私の、道。

お市　そう。あなたの、道。

お市、自分のかんざしを外してお七につけてあげる。

お市　このかんざしを貸してあげる。きっと勇気が出るから。

お七（幼）　（笑顔になる）ありがとう、姉さん！

第六場：川村屋・決着

照明が前場に戻る。
お七、ひばりを跳ね飛ばし、猿一に向かってゆく。

お七　やめろおおおお!!!

猿一に向かっていき刀を打つも強い力ではね飛ばせる。
フラフラと立ち上がるお七。

猿一　馬鹿だな、俺に勝てるとでも思ったか。お前を倒したら、次はこいつらだ。

お七　（戦いながら）勝てないことくらい分かっている。だが私は、悪党なんかじゃない。自分の道は自分で決める……！

お七は果敢に立ち向かうも押され気味。
そこに相手を倒した松が参戦。

松　そうだよお七、あんたは一人じゃない。

お七　松様……！

２人で戦うと、猿一に隙が生まれよろける。

お七　覚えておけ、猿一……。

お七の２段蹴りが炸裂！

お七　私は世直し霧生、くノ一のお七だ！

猿一　何……だと……。（倒れる）

暗転。

第七場：江戸の町

中央の階段にお七、ちよ、すみが話している。

お七 それで結局、お店はどうなったの？
ちよ 悪代官も捕まったたし、そりゃもう大騒ぎよ。だけど、藤乃には良いお灸になったみたいだわ。
すみ これからは3人で力を合わせて、川村屋を立て直すって話になったの。
お七 そっか、上手くいくといいね。
ちよ でも、猿一さんたちが悪党だったなんて……悲しいわ。

松、竹、梅が登場。

松 やりたくて盗みを始めるやつなんていないさ。
ちよ 初めは生きるために仕方なく、だったんでしょうね。
松 もうあいつらみたいなやつが出てこないように、私たちが世の中を直していくんだ！
すみ まさか世直し霧生が女なんて思わなかったわ。
梅 （ニヤッとして）別に問題はないだろう？
すみ ええ、とってもかっこいいもの！

笑いあう一同。だが、ちよは悲しげな顔。

ちよ なな、じゃなくて、お七！ 本当に行っちゃうの？
お七 え？
ちよ 川村屋で一緒に働きましょう。あなたは私たちの恩人よ。危険な目にあって死んでほしくないの。
お七 私が……でも……。（松のほうを見る）
松 あんたが選びな。あたしたちは庶民の味方だが、正義の味方じゃない。必要なら手段を選ばないし、殺しだってする。この子のいう通り、いつ死んでもおかしくないしね。

皆がお七を見つめる。お七、一瞬ちよの方を向くも、すぐに松の方に向き直る。

松 本当にいいのか。
お七 はい。
松 陽の当たるところには戻れないぞ。
お七 覚悟の上です。
松 ……先に行く。ついてきな。（竹、梅とともにはける）
お七 あ、ありがとうございます！

お七、ちよとすみに向き直って一礼。

お七 2人ともありがとう。嬉しかったし、もっと一緒にいたいけど、私……。
ちよ （お七の手を取る）また会える……そうよね？
すみ （お七に抱きつく）死んじゃったら許さないんだからね！
お七 大丈夫。2人に困ったことがあればすぐ駆けつけるもの！

お七、ちよ、すみ、笑い合う。

竹　お七！

お七　はーい、ただいま！

上下にわかれてはける。

お七、ちよとすみ、それぞれの道を進んで行くのだった。

——幕——

あとがき

武士は出てきませんが、「くノ一の道」の舞台設定は江戸時代となっています。着物や殺陣など難しいところが多々ありますが、上演していただけたらとても嬉しいです！　個性が強いキャラクターばかりなので、性格や設定も色々アレンジできると思います。

また、この作品は前年度の『中学校創作脚本集２０２１』に載っている「剣の花」の前日譚となっています。お七含め世直し霧生も登場するので、両方読むと世界観がより深まるはずです。泣き虫だったお七の成長っぷりも、ぜひ見てみてください！

巴・TOMOE

山本春美

登場人物

巴
和泉 佳奈 （義仲伴１）
松浦 由利 （義仲伴２）
池谷 彩 （義仲伴３）
小林 乃愛 （平氏伴１）
田中 輝 （平氏伴２）
岩井 さくら （平氏伴３）
平原先生
香田 美千代 （母）（平氏伴４）
香田 賢志 （弟・小６）（平維盛）
巴御前
木曽義仲
四郎
巴御前母
巴御前姉 （カネ）

初演校
相模原市立共和中学校
初演日時
２０２１年７月27日。
相模原市立中学校演劇発表会、
相模原南市民ホール

相模原市立共和中学校、2021年７月25日、練習時。

【第1場】中学校の教室①

7月。夏休み前日の協和中学校2年A組の教室。黒板、生徒用のいすが数脚ある。

黒板の前に教師（平原）。各いすには、生徒が座って先生の話を聞いている。

平原先生　では、夏休みの課題はプリントにあるように各教科からそれぞれ、出ています。数学は、夏休み用のワークがあるので後で、配布係の人が配っておいてください。配布係は……えーっと誰だったけ……？

由利　大橋さんでーす。

彩　えっ？　私じゃないよ。佳奈だよ。佳奈、配布係だよね？

佳奈　うん。（大橋に）あ、先生、ワークはどこにあるんですか？

平原先生　C組の教室の前に置いてあるから和泉さん、あとで取りに行ってね。

佳奈　はい、わかりました。

平原先生　じゃあ、みんな。終業式で校長先生がお話されていたように事故にはくれぐれも気をつけて夏休みを過ごしてください。それと、夏休み中にワックスをかけるので、いすは各自で廊下に出しておいてね。では、これで終わります。

吉澤　起立、……礼。

一同　さようなら。（うわー、夏休み～、どこ、行く？　などめいめいが話している。同時に各々、カバンをかかえ、いすを上手に運ぶ用意をしている）

巴　佳奈ちゃん、ワーク配るの手伝うよ。

佳奈　本当？　ありがとう！

巴　ね、ね、見てこのストラップ！（佳奈に）

乃愛　あ～、おんなじ！

輝　何、何！

乃愛　ほら、佳奈と巴のストラップ、同じだよ！

巴　うん、佳奈ちゃんがこの間マルシェでこれ（ストラップ）買ったって言ってたから、私も買っちゃった！　可愛いよね、これ！

由利　え～、ちょっと！　このシュシュも一緒？

巴　（髪につけたシュシュをいじりながら）うん。

佳奈　（ちょっと困ったふうに）別に一緒に買いに行ったわけじゃないよ……。

巴　佳奈ちゃんが可愛いのをしてたから、私があとから買ったんだよね。

佳奈　……う、うん……。

みんな、あきれた感じで巴を見るが巴は気がつかない。

巴　ね、佳奈ちゃん！　早くワーク取りに行こう。（佳奈の手を引っぱる）

佳奈　う、……うん。

佳奈と巴、下手へ。みんなは、いすを運ぶやいなや、由利が乃愛をひきとめる。

由利　ね、なんか、すごくない？
乃愛　佳奈と巴でしょ？　うん、すごい、すごい。
由利　ストラップにシュシュでしょ。あんなに一緒って、あり？
乃愛　筆箱も色違いだけど同じスペンサーのだったよ。
さくら　別にいいんじゃない。
輝　でもさ、なんで、そんなに2人お揃いなの？
彩　お揃いじゃないわよ！　巴が勝手に佳奈のまねしてんのよ！
輝・由利・乃愛　えーー、そうなの？

巴がワークをかかえて教室に戻ってくる。みんなが話しているのを聞いてしまう。

彩　言っちゃだめよ。私、佳奈から聞いたんだけど。
3人　何、何、!?
彩　「巴って私のまねばっか、すんのよね〜。いやんなっちゃう」って。あれ、絶対困ってるわ！
さくら　彩、それって、ちょっと言いすぎだよ。
由利　えっ？　でも、なんで巴は佳奈のまねばかりするの？
彩　そりゃあ、佳奈は、勉強も運動もなんでもできるじゃん。
乃愛　そっか、佳奈がうらやましんだ！
輝　と、いうか巴のカンペキ片思い！
4人　あははは！

教室に入るのをためらっている巴の後ろからワークをかかえた佳奈が入ってくる。

佳奈　はーい、みんなワーク持ってきたよー。

みんな、ふりかえると巴が立っているのを見つけてぎょっとする。気まずいふんいきで4人離れる。

佳奈　はい、はい。（みんなにワークをくばる）
由利　じゃ、じゃ、じゃあ〜ね……。
彩　またね〜、バイバイ……。
乃愛　夏祭りでね……また、会おうね〜。
さくら　（巴の肩をポンとたたいて）じゃあね。……。
輝　……元気でね〜。佳奈ー、一緒に帰ろう！
佳奈　うん。（かばんを持つ）巴、ありがとう！　またね。
巴　うん。……さよなら……。

巴だけ、1人残る。シュシュをはずすと手に持ってそれをじっと見つめる。

巴　……まねって……、片思いって……そんなんじゃないのに……。

暗転。

【第2場】清水家リビング

食卓に巴と母（美千代）が座っている。弟の賢志は、ゲームをしながらソファーで寝転んでいる。

巴は、夏休みの課題表を開きながら、机にふせている。

母は賢志の通知表を見ている。

巴　……ねぇ、お母さん。友だちと仲良くするってむずかしぃね。
母　どうしたの？
巴　別に〜、……ただね、仲良しになりたいから同じことしたいって思うの……間違ってるのかな〜。
母　ん〜、まぁ、程度にもよるけどね。何かあったの？
巴　う〜ん……まあねぇ……。（ふたたび机にふせる）
母　（巴を心配そうにながめるが、通知表を見るや顔色が変わる）それより、賢志！　何なのこの成績！　みーんなダメじゃない！
賢志　（ゲームから目は離さず）体育だけは、ＯＫ〜！
母　来年から中学生でしょ⁉　もっと、しっかり勉強しないとダメじゃない！
巴　（顔だけあげて）あんた、ついていけないよ‼　中学校はそんなに甘くないよ！
賢志　甘くないのよ〜。（茶化すように）
母　こら！　いいかげんにしなさい！（通知表の所見欄を指しながら）それに、何？　この提出物を出さないって！　宿題、やってないの？
賢志　う〜ん、たまーに……。でも、先生、出してるの忘れてるとちゃう？
巴　そんな訳ないでしょ！
母　もう‼　お母さんがついつい仕事が忙しくて、あんたたちの勉強も見てやれないからこんな成績なのかしら……。あー、頭痛い！
賢志　大丈夫‼　やる気だけは人1倍あるし！
巴　口先だけも人1倍ね。
賢志　なにー‼
巴　やるかー！（戦いのかまえ）こっちは、夏休みそうそう怒りモードなんだ！
母　いいかげんにしなさい、2人とも！　ハアー。（ためいき）こうなったら、夏休みの宿題を終わるまで、遊びに行くことは禁止します！
巴・賢志　えっ‼!
賢志　うそーっ！　明日、哲平と遊ぶ約束してんだよ！
母　却下（きゃっか）！　宿題終わるまではダメ！
賢志　えーーーー‼!
巴　えっ、お母さん、私も？
母　そうよ、2人ともよ！
巴　えーーーー！　ちょっと！　賢志！　あんたのせいで、私までとばっちりくってるのよ！
賢志　うわー、Ｗでせめてくるのね〜。シュッ、シュッ。（攻

撃をはらいよけるように)

巴　ふざけんなー！　ゲームなんかしてないで、勉強しろ！（ゲームをとりあげる)

賢志　うわ〜ん、かよわい弟をいじめるなー！（下手に去る)

巴　ハアー!!（プリントを見ながら）私はさ、夏休みの課題、ほとんど大丈夫なんだけど……この課題が難問なんだよね〜。

母　何？

巴　（プリントを見せて）これ、社会科の課題なんだけど……。「歴史上の人物を1人とりあげ、その人物の行動や考えであなたが共感するところを自由に述べなさい」って。私、こういう「自由に述べなさい」っていうのすごーく苦手なんだよね。歴史上の人物っていうのも思いつかないし……。

母　歴史上の人物？

巴　うん。お母さん、誰がいいと思う？

母　そうねー、歴史上の人物だったら、あなたの名前の由来になった人なんてどう？

巴　えっ!!　私の名前って誰かからとったの？

母　あ、そうか。まだ話したことなかったのね。巴の名前は、信濃の名手「巴御前」からいただいたのよ。

巴　ともえ……ごぜん……？

母　そう。初孫で女の子、これはもう巴様にあやかるしかないって長野のおばあちゃんが、決めたのよ。

巴　長野？　木曽の節子おばあちゃん？

母　そう、そう。節子おばあちゃん！（手を打って）あ、そうだわ！　ちょうどお盆の頃にでも賢志と一緒におばあちゃんのところに行ってくるといいわ。

巴　えー、賢志と2人でぇー!?

母　そうよ。おかあさんもおとうさんも仕事休めないし……おばあちゃんの家の近くに資料館があったから、課題、調べられるじゃない。

巴　……うん……。

母　じゃあ、さっそくおばあちゃんに連絡しとこう！

母、携帯を持って下手へ「あ、おかあさん！　美千子です。元気ですか？　今度のお盆にね、巴と賢志がね……」などと話しながら退場。

巴、前面に立つ。巴のみにスポットライト。

巴　……巴御前……どんな人なんだろう……。

暗転。

【第3場】巴御前資料館

セミの声。場所は、信州、木曽。巴御前と木曽義仲の資料を展示している資料館の前である。

舞台の半分、上手側のみ明転。下手側は資料館の設定でまだ暗転。

巴、夏帽子をかぶり、カバンを肩にかけている。手にはメモ帳、上手より登場。遅れて賢志が入ってくる。

賢志　おねえちゃんー！　早くお弁当食べようーよ！　おばあちゃん、待ってるよ！

祖母　（声のみ）巴～、賢志～、はよーこっち、こんしょ～。

賢志　おばあ～ちゃん、待ってエ、今、行くよー。おねえちゃんがまだ来ないんだよー。

巴　賢志、後でいくから先に食べて、っておばあちゃんに言っといて。

賢志　えー、何でー？　おばあちゃん、たくさんお弁当作ってくれたんだよ。川原に降りてるって、もう行っちゃったよ！

巴　私、資料館に入りたいから、おばあちゃんと食べてて。すぐ、行くから！

賢志　もーう！　全部食っちゃうからなー！（上手に去る）

巴　（下手側を見て）ふう～ん、ここが巴御前の資料館かあ……。

下手側に向かって両手をひろげるとギイ～という扉が開く音と同時に上手側のライトが消え、下手側のライトがつく。あるいは、巴にのみスポットライトをあてる。

―時代は、８７０年前の平安時代にかわる。

巴は資料館のパンフレットを手に取り、正面に向き直り、それを読み始める。

巴　「時は、平安時代末期。平家と源氏が権力争いをしていた頃、源氏方の源義仲が身分を隠し木曽の山中にたどりついた。そこで、義仲をかくまい育てたのが巴御前の一家であった。巴御前は、色が白く、髪は黒々と長く、容姿はまことに美しかった。そして馬の名手であり、弓、剣の使い手として一人当千（いちにんとうせん）のつわものであった。」

巴が資料集を読み終わると、スポットライトが消えて巴は上手に去る。

暗転と同時に鳥のさえずる声。巴御前・母の「巴ー」と言う声が聞こえると、舞台明転。

巴御前の母が登場。続いて巴御前の姉カネが登場。

巴御前・母　巴～、巴！　どこにおりますー？

カネ　母上、巴はどこをさがしてもおりません！

巴御前・母　まったく……。あの子は家の用事もせずに一日中外でとびまわっていて、本当に困ったものです。

カネ　また、義仲様と狩りにでも出かけておるのでしょう。

巴御前・母　いくら父君（ちちぎみ）の命（めい）とはいえ女だてらに弓だ、剣だと……私は心配でなりませぬ。

カネ　母上……。

巴御前・母　カネ……、どうしたものでしょう……？

カネ　あの子は、巴ケ淵（ともえがふち）の龍神様（りゅうじんさま）の化身（けしん）。いつか父上がそうおっしゃっていました。もし、それが本当ならあの子は特別な力を持って生まれてきた子なのではないでしょうか。女子（おなご）として生きるより、義仲様を生涯お守りするために生きていくのがあの子の使命なのかもしれません。

巴御前・母　使命……。

カネ　家のことは巴に代わって私がします上、どうか母上はお心を安めてください。さっ、家にもどりましょう。

カネ、母を伴って上手に退場。入れ替わって下手より源義仲が舞台前面に走ってくる。

義仲　巴ー、行くぞ！

巴御前も舞台前面に走ってくる。

義仲　弓で勝負だ！　巴、ここまで獲物を持って先に戻ってきたほうが勝ちだ！　よいか！

巴御前　心得ました！

義仲、巴御前、弓を構える。義仲はすぐに弓を放つ（まね）。「ヒューン」という音と同時にライトが消え、上手側の四郎のみにライトがあたる。その間に義仲は弓を置く。

四郎　義仲様、うさぎをしとめられました！（うさぎを持って出てくる）

義仲　うさぎか！

義仲、上手に勢いよく走っていく。巴御前にもライトがあたる。巴御前は、まだ弓を構えたままである。

義仲　巴の負けじゃ！　どうだ！

ウサギを高く掲げる。と、同時に巴御前、弓を放つ。同じように巴御前のライトが消え、四郎にライトがあたる。

四郎　（四郎、客席を指さし）巴様！　雉（きじ）をしとめられました！

義仲　なんと！　雉か！　雉をしとめたのか！

巴御前　私は、義仲さまのように強くひけぬ分、獲物が動くまで、機会を待っておりました。

義仲　そうか、……お前は、相変わらず勝負強いな。口惜しいが、私の負けじゃ！（腰をおろす）

巴御前　義仲様、私は、弓も剣ももっともっと強うなりとうございます。

義仲　頼もしいのう。お前のような名手がいれば、安泰だな。源氏が挙兵するのもそう遠い話ではないようだし。

巴御前　挙兵のお話があったのですか？

義仲　頼朝兄じゃから、書状が届いたそうだ。それぞれの地で源氏一族は、平家打倒ののろしを挙げよと。

巴御前　義仲様、挙兵のおりには私も必ずおともいたします！　幼きころより、義仲様をお守りするように父上からも申し付けられました。

義仲　巴の父君にも兄上たちにもまことの家族のように育ててもらった。この恩、決して忘れぬぞ。

巴御前　義仲様……。
義仲　巴、もうひと勝負だ！
巴御前　はい！
義仲　馬であの松の木まで競争じゃ！　早う着いたほうが勝ちだぞ！
巴御前　負けませぬ！　四郎、馬を出せー、(下手へ走っていく)
四郎　はい！
義仲　今度は、私の勝ちだぞ！(下手へ走る)

暗転。上手より巴が登場。上手の巴のみスポットライトがあたる。巴は資料集を持って読み始める。

巴　「それから幾日かして、源義仲は数千の兵とともに平氏打倒を目指して進み出した。義仲に続くのは巴御前であった。義仲は、越後をまわって加賀との境の峠にさしかかった。そこには、平維盛(たいらのこれもり)の率いる十万の大軍が待っていた。対する義仲の兵は、半分の五万。義仲の軍に勝機がないのは、明らかであった。」

巴のライトが消えると、下手から鎧をつけた義仲。同じく鎧をつけた巴御前が上手から剣を構えながら登場。中央で背中あわせに立つ。中央にライトがあたる。

義仲　巴、この戦い、どう見てもわが軍は不利じゃ。お前ならどうする。
巴御前　義仲様、雉をうったあの狩りを覚えていますか？
義仲　ああ、お前に負けた狩りだな。
巴御前　力に差があるときこそ、機会を待つのが良いかと。
義仲　機会を待つ……か。そうか、そうだな。(まわりを見回し) このあたりは四方が岩山だな。では、七手に兵を分け、攻撃は夜になるのを待つ。牛の角(つの)にたいまつをくくりつけ、四方から攻撃をしかけるというのはどうだ？
巴御前　それは良い考えです！　暗闇にまぎれれば、たいまつの明かりが人か牛か見分けはつかぬはず。相手の度肝(どぎも)もぬけましょう
義仲　行くぞ！　巴！
巴御前　はい！

中央、下手のライトが消える。巴と義仲は上手に退場。ホリゾントのみ赤色。人物はすべてシルエットになる。音響―戦場でたたかう声、群衆の音。下手側に平氏軍。上手側に源氏軍が立つ。対立する軍で殺陣が始まる。次々と平氏軍は、負けていく。勝った源氏軍も退場。
再び、巴にのみスポットライトがあたる。巴は資料を読む。

巴　少ない兵をたくさんいると見せかけた作戦は、見事に的中した。気を抜いていた平氏たちは暗闇に襲ってくる大軍にあわてふためき、一気にの谷底へ落ちていった。こうして、平家との戦いに大勝利した義仲は、天皇より

武士の最高の位を与えられた。けれど、戦いを指示した頼朝は、義仲の勢いをおそれ、今度は逆に義仲を討つように命じてきたのである。迎えうった義仲の軍は、次々と敗れてしまい、残る軍はわずか七騎になっていた。その中には巴御前もいた。

舞台中央のみライトがつく。
義仲と四郎が戦いに傷つき足を引きずりながら登場。少し遅れて巴御前も登場してくる。
義仲、舞台中央でよろけながら倒れる。巴御前がすかさず駆け寄る。

義仲　巴、もはやこれまでだ。今まで、よくやってくれた。私は討ち死にする覚悟だが、お前だけは、どこへなりとも逃げて行け。

巴御前　何をおっしゃいます！　私は最期まで義仲様と一緒！　死ぬなら共々にと覚悟しています！

義仲　巴、よく聞け。常に行動をともにし、一緒にいることがまことの仲ではない。お前はお前で生きる道があるはず。それを心得(こころえ)よ。

巴御前　義仲さま!!!

義仲　巴！　私の分まで生きろ！　さらばじゃ！（下手に去る。四郎もあとに続く）

巴御前　義仲様ーーー!!（泣き崩れる）さいごの……さいごの巴の戦いです！　どうか、義仲様！　ごらんください！

音楽。
巴御前、中央に立つとホリゾントのみつく。巴御前がシルエットになり四方から来る敵を次々と倒す。敵を倒しきると巴御前、下手に去る。ホリゾント消える。上手より巴が登場。巴にのみライトがあたる。

巴　「巴御前は刀をふりかざし敵をなぎ倒すと鎧を脱ぎすて、東の方へ走り去っていった。」（資料集を閉じる）これが、巴御前の伝記……かぁ……。（天を仰いで）すごい！　巴御前！　かっこいいよー！　すごすぎるよー！同じ『巴』でも私とは、大違いだよ！

下手側に巴御前が登場。そこもライト。

巴御前　巴殿……。

巴　えっ！……。（あたりを見回す）誰!?

巴御前　800年の時を経て、私に会いに来てくださったこと、心より感謝申しあげます。

巴　えっ！　巴御前様!?　まさかーーー！

巴御前　巴殿……あなたも私の名前を継ぐ以上、強く、優しい女人(にょにん)として生きるはず。

巴　えーーーー！　そんなの無理だよー、私なんて、何やってもダメダメ人間だし……。誰かについてまわらないと不安でしょうがないの……。

巴御前　巴殿。私は義仲様と最期まで一緒にいる覚悟でございましたが、それは叶わぬ事となりました。人はいつか一人になります。その時、自分の力を信じて生きていくのです。どんなことがあっても前に進むのです。巴殿ならきっとできるはず。

巴　……自分を信じる……？

巴御前　そうです。巴殿。自分の力を信じて、強く、優しく生きてください。

巴　……巴御前様……。

暗転。

【第6場】中学校の教室②

学校のチャイム音。
場面は現代。夏休みがあけた協和中学校2年A組の教室。いすと机を持って上手より生徒たちが入ってくる。
それぞれ、夏休みの出来事を話している。

彩　おはよう！　うわー！　焼けたねー。(由利に)

由利　うん、1週間、沖縄～海～。

乃愛　えっ！　沖縄行ってたの!?　いいなぁ～！　あたしなんかどこもいかなかったよ！

輝　相模川の花火大会に一緒に行ったじゃない！

乃愛　え～、チョー地元！

佳奈　私もあんまり出かけなかったな。ほとんどテニス部の練習か試合だったし……。

さくら　佳奈、今年も関東大会まで行くんでしょ？

彩　すごいよね！

佳奈　うん、がんばる！

巴が入ってくる。

巴　おはよう！

全員　おはよう！

巴　久しぶり！　元気だった？

乃愛　あれ、巴。ストラップはずしたの？

輝　あ、本当！　佳奈と同じストラップしてない。

巴　うん。(佳奈に) 佳奈、なんかまねばかりしてごめんね。

佳奈　えっ!?

佳奈以外、みんな顔を見合わせる。

巴　同じことをしたり、いつも一緒にいることが仲良しってことじゃないんだよね。それがわかったの。

彩　……どうしたの？　巴……？

由利　なんか、あった？

巴　うん、実はね……。

平原先生、入場。

平原先生　おはよう！

みんな、急いでそれぞれの席につく。

輝　起立、礼

全員　おはようございます！

平原先生　おはようございます。みんな、元気でしたか？夏休みはどうでしたか？

彩　先生、松浦さん、沖縄行ってたらしいですよー！

乃愛　しかも1週間！

平原先生　うわー、それはすごいですね！もう、こっちに帰ってくるのいやになっちゃったんじゃない？

由利　そーなんです！先生、私沖縄に住みたーい！

全員、笑う。

平原先生　他にこんな夏休み、過ごしたってあります？

巴、さっと手を挙げる。

平原先生　あ、香田さん。

巴　私、この夏休みに自分の名前の由来になった『巴御前』に会ってきたんです。

佳奈　えっ？

由利　会った？

乃愛　誰？

輝・さくら　巴御前って？

巴　巴御前は、強くてたくましくて、そして美しい女性なんです！私、そんな人の名前を受け継いでるんだってすごくびっくりしました。

平原先生　そう……。巴御前って信州の人よね。

巴　はい！信濃の名手です！

平原先生　その巴御前の名前を香田さんは、頂いたのね。

巴　はい、私、すごく感動しました！

平原先生　名前ってその人に恥じないように生きようとか誇りだったり、特別な力があると思うの。名前がその人を励ましてくれたりとか……ね。

巴　はい、わたし、巴御前様から言われたんです。「自分の力を信じて強く生きなさい」って。

平原先生　そう、香田さんはとても貴重な体験をしたのね。

巴　（満面の笑みで）はい！

始業のチャイム音。

平原先生　はい、じゃあ授業始めますよ。教科書の35ページを開いて。

みんな教科書をひろげる。

乃愛　ねえ、ねえ、巴。巴御前ってだーれ？

巴　うふふ……。（口に手をあて、もう授業中だよと、いうように）しーっ！

巴はじめ全員そのまま静止。音楽とともに閉幕。

夜明けを、君と。

山田実和

登場人物

真澄（ますみ）　女子、中学二年生。3年前に起きた巨大地震により、大好きな父を失う。いつも笑顔だが3年前のあの日からどこか遠くを見つめているような表情を見せる。

大夢（ひろむ）　女子、中学2年生。真澄の幼馴染。陸上部の次期エース。リーダーシップがあり、明るくて活発。真澄のことを家族同然に大切に思っている。

蛍（ほたる）　男子、中学2年生。真澄の小学校からの親友。軽音楽部。無口で何を考えているか分からない。

翼（つばさ）　女子、中学2年生。最近転校してきた。3年前の震災時、震源近くに住んでいた。ふわふわ癒し系。マイペース。喋り方がのんびりしている。真澄のことを放っておけないと思っている。

水（すい）　女子、小学1年生。真澄の兄弟。無邪気で場を和ませる笑顔の持ち主。真澄のことが大好き。

母　真澄と水の母親。愛情深く、包み込むような優しさの持ち主。真澄のことを誰よりも心配している。

父　真澄と水の父親。3年前に真澄を守って亡くなってしまう。警察官で正義感が強かった。先輩からも後輩からも好かれていた。

横浜市立中山中学校、2021年12月4日、初演。

真澄（幼）　小学５年生。感情が豊か。好奇心旺盛でアクティブ。子どもながら両親のことを強く尊敬している。

紡（つむぐ）　女子、中学２年生。女子。クラスメイトのお嬢様。上から目線な発言をするが、根は優しい。

時雨（しぐれ）　男子、中学２年生。冷静な学級委員長。ドが付くほどの真面目。

千尋（ちひろ）　男子、中学２年生。男子。ムードメーカーのお調子者。

先生　女性、真澄たちのクラスの生。担当の教科は国語。

１２３４５↓過去シーンのみ登場。エキストラ。声のみ出演。

【第一場】あの日

舞台奥、平台、舞台手前机椅子７セット。
緞帳上がる。
真澄、舞台中央、俯きながら立っている。
照明、ＦＩ（中央サス）。
上手奥の袖より真澄（幼）の声。

真澄（幼）　おとーさーん！

真澄、ゆっくりと顔を上げ、下手に目を向ける。
真澄（幼）・父、上手登場、楽しそうに会話をしている。
照明、ＦＩ（３サス上手）。円の中に真澄（幼）・父。

真澄（幼）　早く早くー！

父　はいはい。はしゃぎすぎると転ぶぞ？

真澄（幼）　だってだって嬉しいんだもん！　お父さんとコンサートなんていつぶりだろう！

父　家から遠いからなあ。ずっと車だったけど体は大丈夫か？

真澄（幼）　ぜーんぜん！　ほらほら、お父さーん！　こっちこっち！

照明、ＦＩ（３サス中央）。
真澄（幼）、サスに入る。

父　真澄。
真澄(幼)　ん?
父　いつもすまんな。
真澄(幼)　え?
父　仕事とはいえ、たくさん遊んでやれなくて……。
真澄(幼)　お父さん……。
父　……。
真澄(幼)　お父さん私ね、遊んでくれるお父さんも大好きだけど、格好いい警察官のお父さんも大大大好きなの。みんなが憧れるお父さんだからこそ、私も頑張ろうってなるもん!
父　真澄……。

父、真澄(幼)に向かって歩き始めようとする。

音響、CI(地鳴り小)。

真澄(幼)　……あっ、地震?
父　え、あ、ほんとだ。よく気づいたな。(足を止め、揺れに集中する)

照明、FI(ホリゾント赤)。

1　あれ、地震か?
2　まぁそんなに揺れてないし、大丈夫でしょ。
3　そだね。でさー。

揺れがだんだん強くなる。

音響、XC(地鳴り大)。

2　えっ……なんか、結構揺れてない?
3　これもしかして、やばいやつなんじゃ。

音響、CI(物が落ちる音・ガラスが割れる音)。

3　キャー!!!!!

音響、CI(赤ちゃんの泣き声)。

音響+舞台袖、悲鳴・人々の騒めき。

「いやあああ!!」

音響CI(柱がきしむ音)

真澄(幼)　待っ、いやっ、お父さんっ……お父さんっ!!
2　危ない!
3　柱が倒れて!!
1　おいあのままじゃ、あそこにいる子どもが!!!
父　真澄!!　危ない!!!

父、真澄(幼)を下手へ突き飛ばす。

照明、XC(3サス下手)。サスの中に真澄(幼)。

音響、CI(柱が倒れる大きな音)。

照明、FO(ホリゾント赤)。

無音。
真澄(幼)、ゆっくり体を起こす。

真澄(幼)　……いっ、うう……おと、さ……。

真澄(幼)、思い出したかのように勢いよく顔を上げる。

真澄(幼)　お父さっ……(勢いよく振り向きながら)。

真澄(幼)　お、と……(呼吸が荒くなっていく)や……なっ……あ……。

真澄、徐々に呼吸が荒くなっていき、言葉にならない叫びをあげる。

真澄(幼)・真澄　いやあああああああああああ!!!!!!

照明、CO(3サス下手)。
叫び声と同時に、父、上手へ退場。
真澄(幼)、下手へ退場。
真澄、勢いよく目を覚ます。
真澄、荒い息を吐く。

真澄　……また、この夢。

【第二場】転校生

照明、FO(地明かり100%)。
時雨、登場。真澄に気づくが、その後荷物を置いて教室整備。
千尋・紡、登場。
大夢・蛍、登場。

大夢　あー！　真澄いたー！　迎えに行ったのにー！

大夢、真澄にかけよる。
真澄、顔を上げる。

大夢　おはよう！　真澄！
蛍　おはよう。
真澄　……おはよう。大夢、蛍。ごめんね、なんか今日は早く目が覚めちゃって……。
大夢　そっかあ。あれ、真澄なんか顔色悪くない？　大丈夫？
蛍　無理は良くない。真澄が倒れたら、俺、悲しい。
真澄　心配してくれてありがとう。大丈夫だから。
大夢　…本当に？(疑いの眼差し)
真澄　本当だよ。
大夢　ならいいけど……。つらくなったらすぐに言ってね。帰りは私が真澄の家まで担いで送るから！
蛍　俺たち幼馴染に遠慮は無用。俺も……いつでも担ぐ。

真澄　ふふっ、ありがとう。

音響、CI（チャイム音）。
生徒全員、自席に座る。
先生、下手から登場。

先生　おはようございまーす。さっ、朝学活はじめましょう。学級委員長さん、号令お願いします。

時雨　はい。起立。

時雨　気をつけ。礼。

生徒　おはようございます！

先生　はい、おはようございます。今日は50分の5時間授業です。放課後には専門委員会があります。最近一層気温が高くなってきているので、こまめな水分補給を心がけましょう。あっ、そうそう、11月にある文化祭ステージ発表の参加者募集がはじまりました。歌でもダンスでもスピーチでも、みなさんの得意なことや伝えたいことを披露する機会になります。参加希望者は私に声をかけてくださいね。そして最後に、今日は皆さんに嬉しいお知らせがあります。

千尋　嬉しいお知らせ?!

先生　ええ、なんとこのクラスに……転校生が来ます！

大夢　転校生!?

生徒、ざわざわ。

先生　ハイハイ皆さん落ち着いて。それじゃあ入ってきていいよ、野坂さん。

翼　は〜い。

翼、下手から登場。

翼　えぇっと、野坂翼です。野原の野に、坂道の坂、鳥の翼で野坂翼。どうぞよろしくお願いします〜。（一礼）

生徒、拍手。

千尋　先生先生!!　質問していいですか?!

先生　翼さんいいかしら？

翼　大丈夫ですよ〜。

千尋　じゃあじゃあ、翼はスポーツは好きか!?

時雨　どこから来たんですか？

紡　好きな教科は何ですの？

生徒、口々に質問を言う。

先生　（手をたたく）皆さん！　そんなに一気に質問したら、翼さんが困ってしまいますよ。そうですね……せっかくなので自己紹介をしてから質問をしましょうか。

時雨　では最初は私が。私は学級委員の時雨です。翼さんはどちらからいらしたのですか？

翼　あー……みんな知ってるかなあ。ここからずっと西にある、三葉町というところからですよ。
千尋　えっ、三つ葉町って3年前地震やばかったとこじゃん。大丈夫なのか?!
先生　千尋さ。
翼　大丈夫ですよ。あー、いや……大丈夫、になった、かな。
千尋　おっ……？　おう、そうか。あっ、じゃあ次は俺な！　俺は千尋。翼はスポーツは好きか？
翼　はい、器械運動が好きですよ。
紡　私は西園寺家令嬢の紡ですわ。翼の好きな教科は何ですの？
翼　家庭科かな？
大夢　私は大夢、翼は部活動に入る予定はある？
翼　うーん、今のところ入る予定はないので、おすすめの部があったら教えてほしいです。
蛍　俺は蛍。軽音楽部に入れ。よろしく頼む。
大夢　それもう質問じゃないじゃん！

音響、CI（チャイムの音）。

先生　あら、それじゃあ今日はここまで。少しずつお互いのことを知っていきましょうね。じゃあ皆さん、今日も一日頑張りましょう！　号令お願いします。
時雨　はい。気を付け、礼。
全員　ありがとうございました！

先生、下手へ退場。

千尋　やべ、1時間目音楽室じゃん！　翼とまだ喋りたかったのに～。
大夢　私たちも行こうか。

翼・真澄以外、退場。舞台裏で体操着に着替える。
翼、上手へ退場しようとする。
真澄、翼の手をとる。

真澄　あなたはっ……。（どうして笑っていられるの……!?）
翼　真澄、さん？
真澄　あっ……。

真澄、手を離す。

真澄　いや、ごめんなさい……。
翼　そうですか。ですが真澄さん、遅れてしまいますよ～？（真澄の顔を覗き込む）
真澄　う、うわっ！　すみません……考え事をしていて……すみません。
翼　真澄さんは謝るようなことしてませんよ～さっ、音楽室行きましょ？
真澄　あっ、うん……。
翼　とはいえ音楽室がどこか分からないんですけどね。

真澄、ついつい噴き出して小さく笑う。
真澄・翼、会話しながら下手へ退場。

【第三場】幸せな日々

照明、ＦＣ（青ホリ）。
音響、雨音。
上手奥から真澄（幼）・母登場。

真澄（幼） 雨雨ふれふれ母さんが～ぴちぴちちゃぷちゃぷらんらんらん。
母 真澄はお歌が上手ね。
真澄（幼） えへへ～。

下手奥から父、登場。

真澄（幼） あ！ お父さん！

真澄、父に駆け寄る。

父 真澄も迎えに来てくれたのか。
真澄（幼） うん！
母 どうしてもって聞かなくてね。
父 そうかそうか！ ありがとうな真澄。
真澄（幼） うん！ ほらほら、早く行こ！

真澄、母の背中を押す。

父 こらこら、そんな急いだら水がびっくりしちゃうぞ？
真澄（幼） あっ、（しゃがんで母のおなかに触れて）水大丈夫？
真澄（幼） あっ‼ 蹴った！ 今大丈夫って、返事！
母 ふふっ、良かったわね真澄。
真澄（幼） 楽しみだなあ。

真澄、上手に移動しながら。

真澄（幼） あのね、水が生まれたらね、プリン半分こにして一緒に食べるの！ 一緒に公園にも行きたいなあ。あっ、それにねそれにね、（以降口パク）
母 ふふっ。
父 この子たちの成長が楽しみだな。
母 ええ、そうね。
真澄（幼） お母さーん、お父さーん！
父 はいはい、今行くよ。
真澄（幼） 雨雨ふれふれ母さんが～。

母・父・真澄（幼）、上手奥退場。
学生、登場。
照明、ＦＣ（地明かり１００％）。

【第四場】フラッシュバック

先生　学級委員さん、号令お願いします。
時雨　はい。気をつけ、礼。
生徒　お願いします！
先生　はい、お願いします。さて、翼さんが来てもう２週間が経ちました。
千尋　２週間か〜早いな。
時雨　だいぶ慣れましたか？
翼　はい。皆さんのおかげです。
先生　あら、それなら心配ありませんね。
紡　？　どういうことですの。
先生　皆さん、１か月後には何がありますか？
大夢　１か月後……。
千尋　はいはいっ！　１か月後は文化祭だ！
先生　そうです。今日の学活は、クラスの出し物について話し合いたいと思います。
翼　クラスの出し物ってなんですか？
大夢　クラスごとに合唱をしたり、ダンスをしたりするの！　毎年すっごく盛り上がるんだよ。
蛍　１番凄かったと思うクラスに票を入れて、優勝のクラスを決めるんだ。
翼　へぇ〜！　面白そうですね。
千尋　先生！　俺は１発芸披露大会がいいと思います！
紡　却下。
千尋　えぇ〜！　なんでだよ⁉
時雨　逆に何故良いと思ったんですか。
翼　あ、あの……。

生徒、翼の方に目線を向ける。

翼　演劇はどうでしょうか？
大夢　演劇……演劇かあ……いいね！　楽しそう、私は賛成！
蛍　俺も賛成だ。１発芸はない。
千尋　うーん、１発芸が却下されたのは納得いかないけど……楽しいそうだから賛成だ！
紡　私も賛成ですわ。
時雨　私もです。
翼　やった、真澄さんはどうですか？
真澄　みんなが賛成なら……私も良いと思う。
蛍　台本は誰が書くんだ？
大夢　真澄とかやってみたら？　文章書くの得意じゃん！
真澄　……分かった。やってみる。
大夢　やった。
先生　それじゃあ、クラスの出し物は演劇に決定ですね。
？　（下手より）天童先生、少しいいですか？
先生　はーい……すみません、呼ばれてしまったので皆さんは話し合いを続けていてください。

先生、下手に退場。

時雨　決まったのは良いのですが……テーマは何にしましょう？

大夢　うーん、確かに……。

紡　どうせならお客様を感動させる作品にしたいですわ。

翼　それなら共感できる内容がいいですね。

千尋　あ、あれとかどうだ？　地震！

翼　……！

真澄　……え？

紡　それは(ちょっと)。

千尋　震災で家族を失った主人公が、仲間の言葉で救われる……みたいな⁉

蛍　おい、千尋。

千尋　(かぶせ気味で)感動作間違いなしだし、ぶっちぎりで優勝できるだろ！　俺って頭良い～。

時雨　確かに、感動作にはなるかもしれませんね。

大夢　時雨まで、ちょっとみんな、もう1回考え直してよ。

蛍　大夢の言う通りだ。本気で言ってるのか？

千尋　なんだよ2人とも、乗り気じゃないのか？　別にいいじゃねえか。それに。

真澄　ははっ……。(独り言のように)そんな簡単だったらどんなに幸せか……。

千尋　……えっ。

時雨　真澄、さん……？

真澄　(俯きながら)仲間の言葉で救われて、主人公は自分を取り戻して、明るい未来が見えてハッピーエンド？

真澄　ねえ……それ、本気で言ってるの？

千尋　えっ、いや、だって。

真澄　だって？　だって、なに？

蛍　真澄落ち着け。

真澄　ねえ、なんで？　なんでそんなことが言えるの？　優勝するため？　感動するから？　はっ、ふざけないで！　あれは、フィクションでもなければ、きれいごとでもない。あの日の震災は、……人を、……お父さんを……奪っていったのよ……次の日も、その次の日も、ずっと、ずっとずっとずっと、一緒にいられると思っていたのに！　あの日！　何もかも、もう、。

真澄、呼吸が荒くなる。
教室、静まり返る。

真澄　ダメ……そんなの、絶対、ダメ……。(段々かすれていく)

真澄、倒れる。

大夢　真澄⁉⁉

真澄を心配する声、助けを呼ぶ声。

音響、救急車の音。
照明、FO。
真澄以外、退場。
真澄、舞台の奥の平台に横たわる。

【第五場】不安

水、入場。
照明、FI。
水、真澄の看病をしている。

水 真澄ちゃん、早く元気になってねぇ……。
真澄 （ゆっくりと目を覚ます）ん……水？ どうして……え、家？
水 真澄ちゃん運ばれてきた！
真澄 運ばれて……？
水 お母さ～ん！ 真澄ちゃん起きたよ。

母、上手から慌てて登場。

母 良かった……体調はどう？ もう寝てなくていいの？
真澄 体調……うん。どうもしないけど……私、どうして家にいるの？ 学校にいたはずなのに……。
母 それは……。（言葉に詰まる）熱のせいで気を失ったんだって。先生が連れてきてくれたのよ。さっきまでみんなそばにいてくれたのよ。
真澄 熱……。
水 え？ お母さん違うよ～こきゅーこんなんって、紡ちゃんが言ってたよ？
母 水!!
真澄 ……呼吸、困難？
母 ……。（目をそらす）
真澄 私、学校にいて……。
母 真澄。
真澄 文化祭で演劇をすることになって……それで……あ。
母 真澄!!

真澄、母の声に驚く。

真澄 お母、さん……？
母 あっ……、ごめんなさい、大きな声なんか出しちゃって。考えすぎたらまた熱出ちゃうわよ？
真澄 う、うん。分かった。
母 ほら、水もお邪魔しちゃだめよ？
水 ごめんねえ……。
母 さっ、真澄の好きなプリンが冷蔵庫の中あるから、水と一緒に食べてらっしゃい？
真澄 うん、ありがとう。
水 真澄ちゃん行こー！

真澄・水、上手へ退場。
母、２人を見送ったのちポケットから携帯を取り出す。

母　……。遠島です。今日はありがとうございました。予想できないことですし。……ええ、……いえ、しかたないですよ。……ええ、……ええ……思い、出してしまったのでしょうね……いえ、先生が素早く対応してくださったおかげです……ええ、今後も、もしかしたらご迷惑おかけするでしょうが、よろしくお願いします……はい。では……失礼します。

母、しばしの間携帯を眺めたのち、上手へ退場。

【第六場】一歩

照明、ＦＩ。
静まり返っている教室。
真澄、入場。

大夢　真澄‼
真澄　……おはよう。

再び沈黙。

千尋　あ、あのさ、真澄。
真澄　なに？
千尋　っ、昨日あの後、俺たち３人で調べたんだ。……あの日のことについて。
真澄　そう。それで？
千尋　俺、昨日自分がどんなに……どんなに馬鹿だったか……最低だったか……。
真澄　……。
千尋　震災のこと、何も知らなかったのに、俺、俺……。
時雨　私も、どれだけ愚かなことを言ったか……学級委員として、いえ、人として最低です……。
紡　私は、何もいえませんでしたわ。間違っていることだと分かっていたのに……。
真澄　……。
大夢　真澄……。
時雨　それで、その……文化祭の演劇のテーマに関しては、また決めなおそうと思いまして。真澄さんは何かしたいテーマはありますか？　ほら、真澄さんが書き手ですし。
真澄　私は……なんでもいいよ。
時雨　……そうですか。それではほかの方で何か意見がある人はいますか？

教室、沈黙。
翼、手を挙げる。

翼　真澄さんの震災の経験をテーマにするのはどうでしょうか？

真澄、顔を上げる。

大夢　翼何言って?!

蛍　……俺は反対だ。真澄の経験をテーマにするってことは、真澄があの日を思い出しながら書くってことだろう？　昨日みたいにまた、震災のことで真澄が苦しい思いをするのは……もう嫌なんだ。

大夢　私もよ。真澄が苦しんでいるところをただ見るだけなんてもう耐えられない。

翼　だったら尚更、今回のテーマは、真澄さんの震災の経験にするべきです。

大夢　どうして！

翼　何もしないままでは、真澄さんは、これからもずっと苦しみ続けるから……。

大夢　え……。

翼　分かってます。支え続ける側の苦しみも。どうしていいか分からないもどかしさも。

蛍　翼……。

翼　でも、見守るだけでは、いけないのです、きっと……。私が、そうだったから。

翼　確か、自己紹介の時に言いましたよね。三つ葉町出身だって。

大夢　……うん。

翼　確かに、生まれは三つ葉町です。あ、私、生まれた産婦人科の中で1番体重が重かったらしいんですよ。ふふっ。家から幼稚園がちょっと遠くて、毎日乗るバスが楽しみだったんです。あの頃はキラキラシールにはまっていて、こっそり幼稚園に持っていこうとしては、怒られたものです。

翼、過去に思いを馳せながら遠くを見つめる。

翼　小学校は校庭が広くてびっくりしたなあ。お昼休みには体育館でバスケットボールをしたり、たまに担任の先生も一緒に遊んでくれたんだけど、もうその先生がへたっぴで。あははは。楽しかったなあ。

翼、表情が陰る。

翼　もう、全部、なくなっちゃたんですけどね。

翼以外、何も言えない、重苦しい空気に。

翼　家も流されて、1年ほど、仮設住宅での生活が続きました。ですが、仮設は仮設です。そう長く住むこともできず、それからは、遠くの親戚の家や、ホテルや、住む場所を転々とする生活でした。そうして、6回目の引っ越しでここに来たんです。

紡　翼、さん。

時雨　そう、だったんですね。

翼　転校も慣れてしまいました。最初の頃は、自分自身の心に余裕がなくて、どんな子がいて、どんな風に接してくれていたのか、もう、覚えていません。きっと、親切にしてくれていたと、思うんですが……。

翼、悲しそうなさみしそうな表情を浮かべる。

翼　ここ最近です。今みたいにあの頃のことを口に出せるようになったのは。もちろん、悲しみや後悔は、そう簡単には消えません、どんなに、月日が経とうとも……。

真澄　……うん。

翼　でも、ある日気づいたんです。いや、気づかされた、というべきでしょうか。

真澄　えっ。

翼　私の中にため込まれた感情は、もう、一生吐き出されることはないと、人前で、話してはいけないと思っていたんです。それが、正しいのだと、思っていました。でも、ある日すべてを吐き出したのです。気づいたら、吐き出していたのです。家族でも、友人でもなく……。

真澄　……。

翼　自分でもびっくりするくらい、ほんの少しのすがすがしさを感じていたのです。ほんの少しだけ、でも……救われた……。

真澄　翼さん……。

翼　ごめんなさい、私の話ばっかり。

大夢　ううん。

翼　でも、今こうして自分のことを話していられるのも、前を向いていられるのも、言葉の力だと思うんです。

翼　……ねえ、真澄さん。どうでしょうか？　もちろん無理にとは言いません。私が言葉に救われたから、真澄さんも絶対に救われるという保証もありません。

真澄　……。

翼　それでも、少しでも前を向きたいと思う気持ちがあるなら、やってみてほしいんです。私がそうしたように。

真澄　！

翼　ねえ、真澄さん。やって、みませんか？

真澄　翼さん……。

真澄、うつむく。

真澄　正直……怖い、です。きっとまた、思い出して苦しくなってしまうから……。やってみて、前を向ける自信も、ありません……。でも、私の気持ちが整理できないで、そのせいで、みんなを傷つけてしまいたくはないっ……。

千尋　真澄……。

真澄　大事な人の想いに、ちゃんと応えたいっ……！

大夢　真澄。

真澄　だから、少しでも、可能性があるなら、翼さんのこと、信じてみたいって思うんです。

真澄、不安を抱きながらも勇気を出そうと深く呼吸をする。

真澄　私、やってみます。だからみんな、これから、よろしくお願いします！

真澄以外、真澄に笑いかけたり、顔を見合わせて朗らかな表情を見せる。

照明、地明かり７０％。

【第七場】夜明けを、君と。

真澄、中央。

放送委員　あーあー、マイクテスマイクテス。（咳払い）これより、令和３年度、横浜市立中山中学校文化祭を始めます！

放送委員　今だからこそ伝えられる若者の想い。合唱や美術作品、演劇を通して感じ取って頂ければ幸いです。

大夢　はい！　じゃあ運ぶよ！

放送委員　続いては、２年１組の演劇です。タイトルは『夜明けを、君と。』です。それではどうぞ！

照明、ＦＩ。

第一章の流れを無音でやる。

真澄　その日の空は、青く澄んでいた。胸躍るような晴れやかな空のもと、無邪気にも私は、ただ、いつものように笑っていた。

放送委員、刹那。

崩れ落ちる。

悲鳴と。

怒号。

そして、

真澄　私は、ただ1点を見ていた。周りの人に飲み込まれそうになりながらも、目を離せずにいた。

真澄　いつも、町の安全と平和のために働いていた、忙しい中でも家族のことを何よりも愛してくれていた大好きな父。の体が、地面に倒れて動いていなかった。

部員全員、激しい鼓動の音。

止まらぬ震え。

真澄 理解できなかった。いや、理解したくなかった。1度理解してしまえばもう2度と会えなくなってしまう気がした。

真澄 あの日から3年が経った。私の心はあの日でずっと止まっていた。

真澄 ただ、ある日、

時雨 テーマは何にしましょう？

千尋 あれとかどうだ？ 地震！

紡 それは(ちょっと)。

大夢 ちょっとみんな！

蛍 本気で言ってるのか？

同じセリフを繰り返す。

真澄 ふざけないで!!!

間。

真澄 翌朝学校に行くと、教室はいつもと違う色をしていた。くすんだ色だ。……ただ1色だけ、ひときわ明るい色がいた。その色は、私をしずかに包み込んだ。

翼、入場。

翼 誰にだって、後悔や思い出したくない過去はある。

真澄以外 私は／僕は／俺は。

大夢 大好きだった。大切だった。救いたかった。救えなかった。そんな自分を、自分が許せなかった。

蛍 苦しむ2人の友人を前に、俺はただ、そばで見守ることしかできなかった。

千尋 知らなかった。気づかなかった。それを言い訳にしそうな自分がなによりもだせえ奴だった。

紡 知ることしかできなかった。知っても何もできなかった。私に何ができるのか答えを出せなかった。

時雨 情けなかった。平等でありたかった。みなを支えられる存在でありたかった。傲慢だった。

真澄以外 それでも。

翼 それでも前に進んだ。自分が助けてもらったように今度は私が誰かの『翼』になりたかった。

真澄　……私はきっと、あの日の空も、揺れる地面も、人の波も。一生忘れることなんてない。忘れられるはずがない忘れてはいけない。あの日を思い出して苦しむ日はやまないかもしれない。悲しみと後悔と寂しさと怒りと不安を胸に歩み続ける日々は、終わらないかもしれない。

真澄、深呼吸。

真澄以外　それでも！
真澄　それでも、これからの人生で芽生えるかもしれない希望を探して、私は、少しだけ勇気を出す。
真澄以外　あなたには！（真澄に向かって手をさしのべる）
真澄　怖くても私には仲間がいる。一緒に踏み出してくれる仲間がいる。
真澄以外　だから！！
真澄　だから今はただ『夜明け』を信じて歩く！！　明けない夜はないと信じて！！

緞帳、閉じる。

星々の光

中安彩乃

登場人物

【新聞部】

田中あんり　　中学3年、部長。

斎藤実葵　　中学2年。

西園寺星南　　中学1年。

加藤結　　中学1年。

【写真部】

吉田天陽　　中学3年。

西園寺花華　　中学3年、部長。

星野香那　　中学3年。

森本海翔　　中学2年。

木村流歌　　中学2年。

生徒A

生徒B

生徒C

1 廊下

チャイムの音。
緞帳、開き始める。
明転。
星南、上手から出てきながら。

星南　「西園寺花華、一般の部優秀賞。天才フォトグラファーの誕生をお祝いして、花華さんにインタビューをしました！」か……お姉ちゃんはいいね。私なんかと違って、みんなにちやほやされて。ってか、家と外じゃあ、性格変わってるけどね……ほんと何なの？……。

花華、上手から出てくる。

星南　っえ、何でいんの……。
花華　星南！　こんな事初めてだよね。学校でばったり会えるなんて嬉しい……。
星南　（花華に被せて）私は会いたくなかった、最悪。
花華　あれ、それって！（星南が持っている新聞に向かって指さす）
星南　うわ……。

生徒、下手から出てくる。

生徒A　あ、花華先輩だ！
花華　こんにちは～。
生徒B　今日も輝いてますね！　あ～憧れる。
花華　もう、言い過ぎだよ。
生徒A　今日の新聞見ましたよ。よっ、流石先輩！……あ、星南もいたんだ……。
生徒B　先輩が眩しすぎて全然気づかなかった。（生徒Aとクスクス笑う）
生徒A　じゃあ花華先輩、さようなら～。
花華　さようなら～。
生徒B　（花華たちから離れながら）新聞に「載る方」と、それを「書く方」だもんな。妹は姉とは違って……。
生徒A　やめときなって。（笑）星南はいつも出来の良いお姉さんと比べられて、大変なんだからさ。

生徒、上手に入る。

花華　そうだ、今度は星南が私にインタビューして……。
星南　（花華に被せて）私行かなくちゃいけないから。（下手に歩く）
花華　あ、ちょっと待って星南。（追い掛ける）じゃあさ、私文化祭で写真教室を開く事になったからその記事を……。
星南　（花華に被せて）は？……は？

天陽、下手から出てくる。

全員　あ……。
花華　もう天陽ってば、また部活でないで……。
天陽　（花華に被せて）（星南に向かって）おい、学校ではこいつのこと避けてんじゃねえのか？……もう、平気なのか？
星南　平気だから……もう行くね。

星南、下手に走り去る。

天陽　あ、おい星南。
花華　……行っちゃった……。
天陽　「行っちゃった」じゃねえよ。おまえ、余計な事言ってないよな？
花華　何も言ってないよ？　それより、部活！
天陽　文化祭の前には、ちゃんと出れるようにするから良いだろ。俺だって写真撮りたいの我慢して必死に勉強してんだよ。（花華の載った新聞に気づいて、それを眺めながら）それに今の写真部は本当に居心地悪い。なんだよみんなして、花華先輩、花華先輩……。（内容を読んで顔をしかめる）
花華　でも、写真教室について話し合わないと。
天陽　は？　どういうことだ？
花華　え、だから、私が写真教室を開くんだってば。
天陽　なんだよそれ、俺は聞いてないぞ。何勝手に決めてんだよ。
花華　だっていなかったんだから、しょうがないでしょ。それに私がコンクールで賞獲ったんだから、文句言わないでよ。
天陽　は？　なんだよそれ！　あぁ、もう黙ってられない。

天陽、下手に入る。

花華　え、ま、待ってよ！

花華、下手に走り去る。
暗転。

2　新聞部部室

写真部の部室。
明転。
星南、下手から出てくる。
あんり・実葵、ホワイトボードに新聞の割り振りを書いている。

あんり　お疲れー星南ちゃん。
星南　……先輩方、お疲れ様です。
実葵　どうしたの？　疲労困憊って感じがするよ……飴でも舐めて元気出して……あ、私飴持ってない。

結、下手から出てくる。

結　今日も実葵先輩が近所のおばちゃんみたい……。
あんり　お～結ちゃん。お疲れ～。
結　お疲れ様で～す。って、星南顔が怖いよ。
星南　……。（手元の新聞を投げる）
あんり　（新聞に気づいて）あ、今日私が出した号外見てくれたの？（星南に向かって）
星南　あぁ……。（手元に新聞）一応……。
あんり　すごいよね。流石、花華ちゃんって感じだよね！星南ちゃんもそう思うでしょ？
星南　……。
あんり　え？　どうしたの～？
結　あんり先輩、バカですか？　空気読めないんですか？
あんり　え、でもなんで？　だって花華ちゃんは星南ちゃんのお姉ちゃん、なんだよね？
星南　……。
あんり　え、違った？……もしかしていとこ？
星南　……だったらどんなに良かったか……。
あんり　えーっと？……。
実葵　花華先輩は、星南のお姉ちゃんですよ。
あんり　そうだよね！　さっすが私。
結　いやいや、今更過ぎません？　１人ではしゃいでますけど……。
あんり　そんな……。
実葵　それより、花華先輩の事はここで話さない。っていう暗黙の了解、ありましたよね？
あんり　「アンモクノリョウカイ」？　どっかの国のお偉いさん？
結　あんり先輩はバカですか？
星南　結は相変わらずキツ過ぎない？……。
結　そんな事ないでしょ。
星南　……。
結　うん。これが私の個性だからね。
星南　……結は私と違って……。
あんり　私、結ちゃんのそういうとこ好きだよ。
実葵　唐突ですね。
結　そりゃどうも……まあ私も、あんり先輩のおバカなところ嫌いじゃないですよ。
あんり　本当?!　ありがとう～。
実葵　……じゃあ、私は……？
結　ん～実葵先輩も面白いから、好きですよ。
実葵　身に余るお言葉、光栄です。
星南　みんな個性あっていいね……。
実葵　ん？　今、何か言った星南？
星南　あ、いえ……。
実葵　最近私、耳遠いのかな……。

5時の鐘の音。

あんり　あ、もうこんな時間？　早く部活始めないと！

結　えーっと、文化祭に向けて？
あんり　うん。文化祭に発行する新聞。
実葵　……トップ記事は演劇部とダンス部の舞台チームですよね？
あんり　そうしたいな～って……。
結　良いんじゃないですか？
実葵　（結と一緒に）良いと思います。
あんり　よかった～。で、結ちゃんには、演劇部の記事やってもらいたいんだけど……。
結　はーい。演劇部の今年の演目は……。（紙を見る）へ～面白そう……。
あんり　で、ダンス部は私。
実葵　そしたらセカンド記事は展示チーム。
あんり　あ、展示チームは沢山あるから残りの記事、全部使おうかな～って。
実葵　文芸部、アート部、写真部……どの部も風情があって素敵ですよね。
あんり　（ホワイトボードを指しながら）こっちの部は実葵ちゃんに。それ以外の写真部とかを星南ちゃんにやってもらいたいな。
実葵　はい承知いたしました。……一応聞きますけど、どうしてこの割り振りになったんです？
あんり　実は、そこの部長さんたちが、実葵ちゃんの素晴らしい文章で書いてもらいたい、ってお願いしてきたの！
実葵　……期待してくださる方々の為にも、わたくし、今から早速仕事に行ってまいります。

実葵、下手へ走る。

結　本当実葵先輩って、くそ真面……。
あんり　（結に被せて）仕事熱心だよね～。……そうそう、写真部は花華ちゃんが特別教室をやるみたいなの。花華ちゃんへのインタビューは、星南ちゃんにお願いするのが1番だと思って。
星南　いやいや、乗り気なのはお姉ちゃんだから……。あ、この企画、他の部員たちが乗り気なんだって。
あんり　え？
星南　……写真部、どうしても担当しなくちゃダメですか？
あんり　うーん、星南ちゃんに担当してもらいたいな～。だって姉妹なんでしょ？
星南　……。
あんり　うんうん、花華ちゃんの話を上手く引き出してくれるのは、妹の星南ちゃんにしか出来ない事だもん。
星南　……。
結　先輩、そういうの良くないです。
あんり　え？
結　もうこの話止めましょう。って言うか、こんな話最初からしないでください。
あんり　どうして？　私は素敵だと思うけどな。
星南　「花華の妹」ですもんね。優秀な人間の妹っていうだけ。

あんり　……え、いや、そうじゃなくて……。

星南　（あんりに被せて）いいですよ、別に。そんなのもう、散々思い知ってますし。

結　ちょっ星南……。

星南　（結に被せて）どうせ私は出来損ないなんですよ。花華は優秀で、才能の塊で、誰もが憧れるスーパースター。

あんり　……。

星南　でも私に才能なんてない。言ってしまえば個性も無いし。

結　そんなことない……。

星南　（結に被せて）周りのみんなは個性あって輝いてて……でもその中で私は……記事を書く方って、載る方と比べたら……。

あんり　……星南ちゃん。

星南　なんですか？

あんり　新聞部は嫌い？……記事を書くのは好きじゃない？

星南　……そんなこと、ないです……。

あんり　じゃあそれで良い！　星南ちゃんは星南ちゃんだよ。

星南　え？

あんり　「誰かと比べてどうか」じゃない。私は、花華ちゃんと星南ちゃんを比べてるんじゃなくて……花華ちゃんはすごい、星南ちゃんはすごい……どっちもすごい……。

星南　……。

あんり　それって素敵だなって思ったの。

結　そっか……そういうものか。

星南　……私は納得しません。

結　才能は、人それぞれって事だよ。

星南　私の才能？

あんり　星南ちゃんの才能はみんなの話をしっかり聞けるところ。

星南　聞き上手って……。

あんり　誰にでも出来る事じゃないもん。

結　まあこの部活が成り立ってるのは、星南がいてくれるおかげだって言ってもおかしくないし。あんり先輩と実葵先輩の話を真面目に聞けるなんて……誰にもできる事じゃないよ。

星南　そう、かな……？　でもインパクト薄くない？

あんり　うーん、インパクトで言うと強くはないかも？

結　でもこれも、誰かと比べるものじゃないでしょ。インパクトの強い方がすごい、なんて事ないし。

あんり　あ、あと！　記事を書く人の方が劣ってるとか、そういうのも違うから。それぞれが、自分の役目を見つけて頑張ってる。つまり、その分野でそれぞれが輝いてるの！

星南　輝いてる……。

あんり　実葵ちゃんで例えると分かりやすいかな？　記事を書く事に誇りを持ってるでしょ？

結　思わず走り出しちゃうレベルですから。

あんり　私は実葵ちゃんを見てると、輝いてるなぁって思えてくる。

結　分かる気がします。それに、記事を書く人がいるから、書いてもらえる方はより輝けるっていう考え方もできますよね。まあ何が1番すごいとか、偉いとか、そんなの正直分かんないけど。

あんり　1番とか、2番とか。あなたの方が優れてるとか、劣ってるとか。そういうのはないんだよ。

星南　誰かと自分を比べる必要は、ない……か。

あんり　そうそう。

結　あの……先輩の事を今日、少しだけ尊敬しました。

あんり　え、結ちゃんが、私の事を褒めてくれるなんて……。

結　そんなに驚くことですか？

あんり　でも、結ちゃんの才能はキツイところでもあるからね。

結　キツイじゃなくて、しっかり自分の意見が言えてる、に直してください。

実葵、下手か静かに出てきてて、3人の背後で。

実葵　物は言いようだね。

あんり　うわ！　いつの間に!?

実葵　そうそう、何を才能って言うかは人それぞれなんだよ。

結　先輩気配なさ過ぎ。これじゃまるで背後霊……。

実葵　つまり私は、忍者並みの身のこなしってことかな？

結　いや、背後霊です。

実葵　忍者と言ってください。

結　背後霊です。

星南　もう2人して……。（笑）

実葵　あ、星南が笑顔を取り戻してくれてよかった。最近心配だったんだよ。そうそう、「星南」って名前、星に南でしょ？　だから笑顔でいてね。その方が星南自身が星みたいにきらきらして見える。

星南　実葵先輩……。

実葵　「笑顔に勝る化粧なし」だよ。

あんり　あれ……もしかして、実葵ちゃんが戻って来たのって……。（忘れ物の荷物を指さして）

実葵　あ、ばれちゃいましたか……。

結　荷物全部忘れるって……取材しに行こうとしたんですよね……。

実葵　一生の不覚です。

星南　（笑）もう～。はいどうぞ。（実葵に荷物渡す）

実葵　星南の優しさは、この世界をも包み込んでくれるよ。星南の才能は、人の世話を焼く事だね。

星南　そう、ですかね？……ありがとうございます。

全員、微笑む。

星南　なんだか、早く記事書きたくなって来ちゃった。よし、私も実葵先輩を見習って、早速取材に向かおう！

結　荷物は忘れないでね～。

星南　もちろん（笑）！

暗転。

3　写真部部室

海翔・流歌・香那、舞台中央にいる。

海翔　僕も花華先輩みたいになりたいっす。コンクールで、賞獲りたいっす。

流歌　私だって、花華先輩みたいに有名になりたいもん。

香那　ったくそこの2人は、一体いつまでその話しすれば気が済むの？

海翔　賞獲ってからまだそんなに経ってないっすよ？

流歌　そうそう。

香那　はあ。本当どうかしてる……。

海翔　あぁ、あの日の事は昨日のように覚えてるのに。あれは……。

香那　（海翔に被せて）説明せんでよろしい。

海翔　香那先輩。どれくらい時間が経っても、僕の花華先輩への尊敬は無くならないっすからね。

香那　はいはい、そうですか～。ってか、海翔の「それ」はいつもでしょ。

流歌　あの～ところで、先輩はどんな写真、コンクールに出したんです？

香那　え、知らないで花華の事、今まであんなに褒めまくってたの？

流歌　そういうの聞ける雰囲気じゃなかったし、今更……。（性格を変えて）じゃなくて賞獲った、ってことしか聞かないんですもん。

海翔　夜空に光り輝く1等星っすよ。

流歌　……へ～。

香那　これ。（写真を見せる）

流歌　……審査員が気に入りそうな写真。

香那　まあそうだね……。

流歌　どうやったらこんな、インスタ映えしそうな写真、撮れるんですかね？

香那　私に聞かないでくれる？

海翔　文化祭には教えてもらえるっすよ。

流歌　今すぐにでも知りたい。

海翔　まあまあ、そんなに焦るもんじゃないっすよ流歌。

流歌　……。

5時の鐘の音。

海翔　花華先輩遅いっすね。天陽先輩も。

流歌　天陽先輩は最近、部活に顔出してすらないでしょ。

香那　まあ、撮りためた写真とか、文化祭のアイディアを書いた紙とか、そういうのは押し付けてくるけど……押し付けては、ない、のかな？

海翔　天陽先輩って写真撮るの好きっすよね。

流歌　確かに。自由に撮れるのが、写真の魅力だとか言ってたような？
香那　じゃあやっぱり、天陽はこの企画に反対するね。
海翔　でも、花華先輩はコンクールで賞獲ったんすよ。天陽先輩がどうこう言うのって、おかしいっすよね。
流歌　天陽先輩って、「コンクールに出品するなんて、写真の本質を理解してない」とか言うけど、ちょっと何言ってるのかわかんない。
香那　……天陽の写真って、統一性がないもんね。人だったり、虫だったり……花華の方が撮り方もだし、被写体自体も良いもの選んでくるよね。
流歌　ですよね。天陽先輩の写真は絶対映えない。あんなので有名になんてなれないし、なれたとしたら私の苦労は何だったのって、話じゃん……。（性格を変えて）じゃなくて、天陽先輩は花華先輩を敬うべきなんですよ〜私たちみたいに！
海翔　やっぱり花華先輩の方が才能あるんすよ。

天陽・花華、上手から出てくる。

天陽　さっきからさ、みんなして何？　俺の悪口？
海翔　え、何で花華先輩と一緒にいるんすか?!
天陽　俺がそのアイディアを気に入らないだろうな。って考えておきながら、話進めてたのか？
香那　は？　立ち聞きしてたの？
天陽　何が「写真教室」だ。くだらねえ。
花華　もう、「くだらねえ」じゃないよ。部活に来なかったのは、天陽の方でしょ。
海翔　そうっすよ。
花華　私がコンクールで賞獲ったんだよ。みんなも私みたいな写真が撮りたいから、私に教えてもらいたいって言ってるよ。
天陽　は？　コンクールで賞獲ることが、偉い訳ないし。おまえのその写真教室はただの押し付けでしかないじゃん。
流歌　もう、そんなに言わなくたって、良いじゃないですか。
天陽　いやいやお前らだって、「コンクールで賞獲るなんてすごいです、流石です」とか「私も有名になりた〜い」ってずっと言ってたじゃん。
香那　……何？　結局天陽もみんなに注目してもらいたいの？
海翔　ああ、だからあえて、花華先輩を避けてたんっすね。自分が花華先輩のオーラに、埋もれちゃわないように……。
天陽　（海翔に被せて）ちげーよ、そんなんじゃねえし。それに、俺の存在はもうきらきら輝いてるから。
流歌　……。（冷ややかな感じで）
香那　うわ……。（嫌悪感をあらわに）
花華　あの、天陽……。
天陽　（花華に被せて）（花華に向かって）大体、おまえはさ。
花華　え？

天陽　コンクールなんて興味なかっただろ。
花華　え……な、なんで天陽がそんなこと言うの？　なんで天陽にそんな事言われなきゃいけないの？
天陽　おまえ別に、あんな写真撮りたくなかったんじゃねえのか？
花華　何言ってんの？　あれは私が……。
天陽　そうだよな。あれは、賞獲るためだけに撮ったんだもんな。……まだ気づいてねえのかよ……。
海翔　その言い方、止めてくださいっす。
香那　ねえ、天陽は何が言いたいの？　子どもみたいに駄々こねないで！
天陽　嫌だね。写真教室なんて、絶対やりたくない。あと俺は子どもなんかじゃなくて、眩し過ぎて目も当てられない好青年だ！
香那　……うわ……ってか自分で言う？……。（嫌悪感をあらわに）
流歌　……。（冷ややかな感じで）
香那　もう付き合ってらんない。この企画に、文句があるなら１人で勝手にすれば？
天陽　は？　何だよそれ……。
香那　（天陽に被せて）はい、おしまい。
流歌　あ〜インスタ用の写真でも撮りに行こっかな〜。
天陽　そこだよ……。
流歌　え？
香那　天陽、今何か言った……。
天陽　（花華に被せて）お前らは写真というものの根本的価値、本質を勘違いしてんだよ。
流歌　「コンポンテキカチ」？
香那　は？　何それ……。
天陽　おまえらには、写真を撮る資格なんてないって事だよ。
４人　は？
天陽　ＳＮＳの為だけに？　内容の何も無い写真を撮る？
流歌　そんな言い方ないでしょ……。
天陽　（流歌に被せて）コンクールの為に嫌々写真を撮る？
花華　だから嫌々なんかじゃない……。
天陽　（花華に被せて）周りばっかり気にして……バカバカしい。こんなもの……。（ホワイトボードにある写真を取って投げようとする）

全員、天陽を止めようとして天陽を追い掛ける感じになる。

流歌　先輩、最っ低。
天陽　考えてみろよ。写真を撮るのに周りを気にする必要あるか？
海翔　写真は作品っす。周りの評価で価値が決まるんすよ。
天陽　そういう考えもあるかもな。でも自分らしさを捨てて作った作品に、何の魅力があんだよ？
花華　え？
香那　は？　何が自分らしさよ……。
天陽　（香那に被せて）自分の事ちゃんと見ようとしない

花華　で、周りから評価してもらえそうな自分になって……。
天陽　だったらこんなもの、いらないだろ。

扉が開く音。
星南・結、上手から出てくる。

星南　失礼します。文化祭に向けてのインタビューに来ました、た……。

写真部員、その場で静止して2人の方を振り向く。

花華　星南！
結　ちょっと出直してきます。行こう星南。（星南を連れて戻ろうとする）
花華　あ、ちょ、ちょっと待った！
星南　なんか、大変な時にすいません。
香那　え〜っと色々あって……。
天陽　そ、それより星南が写真部に来るなんて……大丈夫なのか？……。
星南　ああ、私ならもう大丈夫。
天陽　さっきも大丈夫って言ってたよな。本当か？　本当に平気なのか？
結　星南は成長したんです。ナルシストや先輩に尻尾振ってるワンコと違って。
天陽　俺らの扱いひどくない？　女子どもにも触れろ、よ……。（女子の圧を感じる）
星南　お姉ちゃんは、お姉ちゃん。私は私だから。周りに何と言われようが、自分が頑張りたいって思えるような事しようかな。って、思ったんです。自分にしか出来ない事ってきっとあるでしょ？
海翔　自分にしか出来ない事、っすか……。
星南　うん。まあ、まずは素直になろうかなって。
花華　……。
流歌　ああ……。（性格を変えて）だよね。
海翔　え……。（流歌に向かって）
結　星南が今、良い感じの事言ってるけどさっきまで……。
星南　（結に被せて）あ〜ちょっと、余計な事言わないで。
結　別に良いじゃん。（笑）
星南　こうなったら、言わせてください。
天陽　な、なんだ……？
星南　文化祭で展示される写真、とっても好きでした。
香那　え？
星南　それぞれの写真に個性があって、それぞれが輝いてたの。……小学生の私でも素敵だって思えた。
天陽　そんな風に思ってたのか？……。
星南　うん。だから今年も楽しみにしてます。……って言っても、今年は違うんだもんね。……まあそれはそれで。
香那　そうだね……。
天陽　星南は成長したんだな……。
花華　そうだよ。
天陽　は？

花華　星南の言う通りだよ。
香那　え？
花華　今まで通り、文化祭はみんなの作品を展示する！
５人　え？（天陽・花華以外）
天陽　は？
海翔　……花華先輩？
花華　……じゃあそういう事だから。本当だったら星南にはずっとここにいてほしいんだけど……明日改めて、インタビュー来て。
星南　……分かった。
結　失礼しました。

星南・結、上手に入る。

天陽　……本当に良いのか？
海翔　何すか先輩？　さっきと態度変わり過ぎっすよ。
天陽　いや、だって……。
香那　星南が立派になってて、それに比べて自分は……って反省したんでしょ？
天陽　……。
海翔　うわ、図星っすか……。
全員　……。
花華　……みんなの写真が輝いてた、って星南は言ってたよね。コンクールで賞獲る事が偉い訳じゃないんだよね……どの写真が良いかなんて、その人の好みだし、良いか悪いかなんて決めるものじゃないよね。やっと気づいたよ。
海翔　……僕、コンクールの事ばっか考えてたっすけど、それって天陽先輩の言う、写真の良さを見失ってた、って事なんすかね……。
香那　でもコンクールも、周りにどう見られているか……う～ん……周りから意見をもらうには、良い機会だし、だから完全にダメとは言えないんじゃない……？
海翔　写真撮る理由が「コンクールの為」っていうのがおかしな話だったんすよね……。
香那　そうかもね。写真は「自分を表現するもの」でしょ、天陽？
天陽　う、みんな……ありがとよ。
流歌　うえ、泣かないでください。そういうのマジで、面倒くさいんで。
天陽　は？　お、おまえ本当に流歌か？　今までと全然違くね、性格？
流歌　素直な自分でいようって思っただけです。
天陽　……あ、だから無口だったのか？　本当の自分を表現する、良いと思うぞ。
流歌　……。
天陽　おい！　ここはなんか反応しろよ！

全員、笑う。

花華　……私、天陽のおかげで、気づいた。コンクールに出した時みたいな写真、本当は撮りたくなかったたんだ、って。

海翔 え？

花華 私は……星南の写真が撮りたい！

海翔 え？

花華 いや、だってあの可愛さは反則でしょ。

海翔 は？

花華 今までは優秀でいよう、みんなから好かれたいって思ってたから、心のどっかできっとこの気持ち抑えてたんだよね。でも、それじゃダメ。私が写真に収めたいのは妹の笑顔なの！　あのあどけない、笑顔なの！（このまま1人で語ってる）

流歌 へ〜……。

天陽 今更かよ。自分のシスコンに気づくの。

香那 ばかばかしい。

海翔 わお……。

花華 よし、じゃあ私の展示は星南の写真で埋め尽くすぞ！

天陽・香那 それだけはやめろ（て）。

花華 え、何で〜？

香那 星南がかわいそう……。

花華 そんなことない！　ね、天陽もそう思うでしょ？

天陽 は？……思って、ねえし。ってか俺に振んな。

流歌 ……花華先輩、なんか雰囲気違う……私こっちの方が、先輩の事好きになれる。

海翔 こっちの方が？……どう言う意味っすか？

流歌 ……。

海翔 無口っすか……これがほんとの流歌……なんすよね？

流歌 ……。

海翔 でも今は、完全にからかってるだけっすよね？

流歌 だって海翔の反応面白いし。（笑）……私、沢山喋るのあんま好きじゃないの。……先輩に好かれれば良い事あるかな。とか、自分の株を上げようとしてた……本当に今思えば、ばかばかしい。

海翔 自分らしくいて良いんじゃないっすか？

流歌 ……周りばっかり気にしなくても、輝けるかな？

海翔 流歌なら平気っすよ。

……。

4　写真部の部活（文化祭）

暗転。

チャイムの音。

生徒C、声だけ。

生徒C まもなく演劇部の発表が始まります。体育館にお集まりください。

星南・花華・天陽・あんり・香那、舞台にいる。

明転。

星南　写真部の展示、すっごい良いね。
花華　ありがとう！　星南に褒めてもらえるなんて、こんな日が来るなんて……。
星南　(花華に被せて) って、何この写真⁉
あんり　わ～これ全部星南ちゃんじゃん。花華ちゃんはやっぱり上手だね、写真撮るの。可愛いよ！
花華　でしょ？　星南の笑顔が超可愛……。(星南が写真を剥がそうとしてるのを見て) って、なに勝手に剥がそうとしてんの！……ちょっと天陽も、星南を止めてよ！
天陽　やれやれ……。
香那　天陽の写真、こうして見ると結構良いね。
天陽　だろ？
香那　統一感がないのが良いって言うか。みんな違うからこその良さというか。
天陽　やっと気づいてくれたか、この俺の魅力に！
香那　うわ……やっぱ今の無し、それに魅力があるのは写真の方だから。
天陽　おい、それはないだろ。

実葵、上手から静かに出てきておいて。

実葵　先輩方。
5人　うわ！(驚く)
実葵　そろそろ演劇部の上演時間です。体育館に直行しましょう。流歌と海翔、結も待ってますよ。
星南　じゃあ行こっか！
花華　うん！

実葵・天陽以外、上手に入る。

実葵　天陽先輩、ちょっと良いですか？
天陽　お、おう。なんだ？
実葵　実は……。この文化祭の新聞を、天陽先輩の素晴らしいお言葉で締めくくりたいんです。
天陽　……お、おう……そ、そう言う事か。
実葵　はい。ここまで来るのに色々な事がありましたからね～。
天陽　あぁ、本当に色々な事があったもんな。
実葵　まあ何事にも困難はつきものですからね。と、いうことでお願いします。
天陽　分かった。
実葵　……。(メモ帳を構えて期待の眼差しで)
天陽　……俺たちは星だ。自分の個性を大切にする限り、輝ける。自分の力で光輝ける星だ。

暗転。

――幕――

チェンジ・ザ・ストーリー

辻村順子

登場人物

A・ケイ

B・マンガちゃん（キャラクターのついた服）

C ネイマール （サッカーのユニフォーム風の服）

D アイちゃん （アイドル風な服）

A・B・C・Dは、中学生くらいの少年少女。

※座敷ワラシの○は「生きること・生まれること」に対して肯定的な考えをもつ。

座敷ワラシの●は「生きること・生まれること」に対して否定的な考えをもつ。

座敷ワラシ① 長い間、生まれることなく、450年余り、あの世とこの世の間で暮らし、未来を知ることができる。自分の順番が巡ってきて、生まれる日が来ることを待っている。大きなかざぐるまを杖のように持っている。

座敷ワラシ② 283年生まれることなく、あの世とこの世の間で暮らしている。生まれたことがないので、「生きるって、きっと素晴らしいに違いない」と信じ、あこがれている。

座敷ワラシ③ 180年生まれることなく、あの世とこの世の間で暮らしている。病弱だったため、生まれる途中に亡くなってしまい、ぜひもう一度生まれたいと願っている。

座敷ワラシ④ 120年生まれることなく、あの世とこの世の間で暮らしている。

座敷ワラシ❺ 400年余り生まれることなく、あの世とこの世の間で暮らしている。ここから見る人間界の醜さにあきれ果て、希望を捨てている。「この世は、酷いことばかり」だ

二戸市立金田一中学校、2019年10月、青藍祭、初演。

と冷めている。
座敷ワラシ❻　300年あの世とこの世の間で暮らしているが、生まれてすぐに餓死した座敷ワラシ。「生きることは、苦しみだけ」と考え、生まれてもいいことなんか一つもない、と考えている。
座敷ワラシ❼・❽　250年余りあの世とこの世の間で暮らしているが、生まれてすぐに間引かれてしまい、死んだ座敷ワラシ。もう1度母親に会いたいという気持ちがあるが、人間が怖くて、生きることが恐ろしい。
座敷ワラシ⑨〜⑫　生まれる順番を待つ座敷ワラシたち。

未来の場面の登場人物

マンガ（中学生）、マンガの父、マンガの母、マンガの友達E子、マンガの友達F美
幼いネイマール、小学生、ネイマールの父、ネイマールの母
アイの父、母、祖父、祖母、兄（中学生）、姉（中学生）、弟（小学生）、妹（園児）、小さいアイ（小学生）
杖のおじいさん
お医者さん、看護師さん
天の声

場面一　未来
10年後のアイの家

ステージ上に合唱のための平台。

ステージ床に茶の間の雰囲気。（ちゃぶ台、クッションなど）下手が玄関の設定。（じいさんの長靴を置く）

音楽「いのちの理由」（作詞作曲・さだまさし）クラリネットの演奏で、ほのぼのとした始まりの雰囲気。

D（アイ）の中学生の姉はスマホをいじっている。

中学生の兄は雑誌をめくりながら、テレビのバラエティ番組を見ている。

祖父は、新聞を見ている。

D（アイ）は、中央でリュックに避難用品を詰めている。

　小学校1年生の弟が、母と一緒に買い物から戻ってくる。

母　ただいま〜。
弟　（元気よく）ただいま〜。
D　お帰り。（リュックの中に、タオルや懐中電灯をつめている）
姉　お帰り。どこ行ってきたの？
母　お買い物。
姉　お買い物？　いいな〜私も行きたかった〜。
母　最近小さい地震が続いてるでしょ？　だから、もしも

て。

の時のために、保存用のお水をね、買っておこうと思っ

弟　（姉に駆け寄って）おねえちゃん、何してんの？

姉、うるさそうにあしらう。

D　ママ、電池も買った？

母　買って来たよ。

D　お姉ちゃんも、避難の準備、手伝ってよ。小学校の、先生に聞いたの。１回地震が来たら、また来るよ、って。

……あれ、おじいちゃん、どこ行くの？

祖父　雨、降りそうだ。今日は、風も強ぇだはんで、ちっと田んぼの様子、見てくるすけ。

弟　田んぼ、ボクもついてく〜。

母　雨が、降るよ〜。

D　おじいちゃん、地震の後に雨が降ると、土砂崩れが起きやすくなるんだってよ。先生が、言っとった。田んぼの近くさ、崖があるっしょ、行かん方がいいよ。

祖父　なあに、未だ降っとらんじゃろ。

ピカッと稲光。

ゴロゴロと低く雷の音。

D　ほら、もう今日は行っちゃダメだって。

母　……うちの裏山も、大丈夫かねえ。

D　さあさあ、姉ちゃんも兄ちゃんも、準備しなよ。うちは、じいちゃん、ばあちゃんが居るし、もし大雨で避難勧告出たら、すぐに行かなきゃ。ほら、兄ちゃん、チャンネルは天気予報！（ちゃぶ台の上のリモコンをとり、チャンネルを変える動作）

暗転。

場面二　あの世とこの世の間　座敷ワラシのすむ世界

照明、薄暗く、不気味な感じ。

ＢＧＭ、歌声またはハミングで「わらべ唄」（映画『かぐや姫の物語』より）。

座敷ワラシ①、大きな風車の杖を持って登場。座敷童②〜④を手招きする。

座敷ワラシ②〜⑫が岩のような塊をもって、下手から登場。

ステージの合唱段の上に、それぞれに岩を並べて座ったり寝転がったりしている。

ＢＧＭ、東京ゲゲゲイ「ゲゲゲイの鬼太郎」。

上手から座敷ワラシ❺〜❽が登場。４人で「ゲゲゲイの鬼太郎」ダンスを踊る。（振り付けは創作で）

踊り終わると、岩の上に座ったりゴロリと寝転がったりし

ている。

観客に対して、●は後ろ向きに。○は前向きで座る。

座敷ワラシ⑨（ナレーション役）前に出てきて客席に向かって語りかけ始める。

スポットライト。

座敷ワラシ⑨　ここは、人が生まれる前の世界。誰もがここを通って、人間界に出ていく。すぐに順番がまわってきて、さっさと生まれていく子もあれば、なかなか生まれずに、座敷ワラシとなり、ここに住み続けている奴らもいる。飢饉や天災のあった年には、生まれたくても生んでもらえないワラシたちが、たくさんたくさんいた。光あふれる外の世界。『生きる』世界に、あこがれながら……。

Aが座敷ワラシたちと共に奥に膝を抱えてうずくまっている。

胎動、心拍音のような音。

ステージ上に、B・C・Dそれぞれが、そろそろと登場。順番にスポットライト。

B　（辺りを見回して）……ここ、どこ？

C　（きょろきょろして）……どこだよ、ここ。……なあんか、暗いな。

D　（2人を見て）、……あんたたち、だれ？

B　……わかんないよ！　全然。

座敷①　（入ってきた3人に気づいて、うしろから近づいてくる）……教えてやろうか。

3人、座敷ワラシに気づいて驚く3人。そして、不安げにうなずく。

座敷①　（ちょっといばって、説明するように）ここは、あの世でもなければ、この世でもない。人が生まれる前の世界。ここから人が生きている世界に、生まれていくことができる。

B　（1度驚いた後、嬉しそうに）へええ～！　じゃあ、私たち、ここから生まれていくってこと？

C　マジで？（ウキウキしたように）

D　じゃあ、もうすぐお父さんやお母さんに会えるのね！

座敷①　（淡々とうなずく）そうだな。

座敷②　（ハイテンションで、3人に話しかける）そう、君たちが生まれる確率は、何億分の1。とにかくすごい競争率を勝ち抜いて、誕生を迎えるんだ！

C　今日は誕生日ってことかぁ。で、どっち行ったら、人間界に行けるわけ？（さっさと歩きだそうとする）

D　そう、どっち行けばいいの？（座敷①・②を見て）……あなたたちは、行かないの？

座敷②　……ああ、俺はまだ生まれたことねえんだ。残念ながら、順番が来ないと、生まれないのさ。
座敷③　……おれは、200と83年、ここで待ってる。
座敷④　……私は、180年！（座敷ワラシ①を指さして）こいつなんて、450年もここにいる！
座敷①　（そっぽを向く）
座敷❺～❽　（寝ていたところからのっそりと起きてきて、3人に近づき）
座敷❺　さてさて、君たちには、生まれないという選択肢もある。生きていくって、いいことばかりとは限らない。
座敷❻　って言うか、生きるなんて、つらいことばっかだべ。（隣同士、顔を見合わせ、頷き合う）
座敷❼　つらいことが多すぎる！
座敷❽　んだ！　んだ！　そのとおり！
B・C・D　顔を見あわせて、首をひねり合っている。
座敷①　生まれるかどうかは運次第、順番次第、おめえたち次第さ。

座敷❺～❽は、合唱段に下がり、入れ替わりに座敷②～④が岩をもち前へ。

雨の音、自転車のベル、電車の走る音、料理をする音、天気予報、車のクラクション、犬の吠える声、など様々な生活音が、重なるように聞こえてくる。
音を聞いて、興味深そうに感激する3人。

B　うわあ、すっごい、いろんな音が聞こえる！（興味津々の様子）
座敷①　そう。意外と、生きてる世界の音がよく聞こえる。

優しいオルゴールの音色が聞こえてくる。

座敷②　そう、そう！　きれいな音楽が聞こえてくると、気持ちよ～くなる。

座敷③・④、嬉しそうにうなずく。

C　なるほど。ここにいるうちから、人の声や言葉、音も覚えられるんだね。だから、俺たち、しゃべれるのか。
座敷①　生まれてしまえば、ここでのことはすっかり忘れてしまうがな。
B・C・D　な～んだ。（へえ、そうなんだ、というようにうなずく）
座敷①　……おや？　お前の服には、何か、絵がついとる。（Bの服を指さす）なるほど。何かの漫画だな。んだば、とりあえず、ここでの名前はマンガちゃんだ。
B　わあい、初めてもらった名前ね。忘れちゃうけど。
座敷②　（Cを指さし）この子の服はなんかサッカー選手みたいだぞ。んだば（それじゃあ）、……この子は、ロナウド・ネイマール・メッシちゃんだ。
座敷③　長い！　長い！

座敷④　寿限無みたいになっちまう。
座敷①　じゃあ、とりあえずの名前は、……ネイマールだ。
C　僕の名前は、ネイマールか。気に入った！　な〜んか僕、走ったり跳ねたりしたくて、仕方ないんだ！　動き回るのが、大好きだな！（体を動かし元気に、嬉しそうに）
座敷②　この子は……（Dをしげしげと見て）な〜んだか、へんてこな恰好しとるぞ。
座敷③　（Dをつくづく見て）そうだなあ。
座敷④　……テレビのアイドルみたいなかっこうしとるな。
座敷①　んじゃあ、いい、ここでの名前はアイドルのアイちゃんだ。
D　うん、初めての私の名前ね、アイちゃん。
座敷②　俺は、生まれたことはないけど、外の世界って、きっと素晴らしいに違いねえ。ここより、きっとずっと素敵なところ。
座敷③　おいらは、生まれる途中で、うまく出られなくてス……途中で死んじまったもんで、外の世界が見られんかった。……ああ、次は絶対に上手に生まれて、外の世界で生きてみせる。
座敷④　おめえは、体が弱くて、生まれる途中に死んじまったからな。ああ、早く、オラの順番が来ねえかな。
座敷①　そだな。どったらことがあっても、まずはしっかりと生きてみてえもんだ。

座敷ワラシたち、うなずき合う。

座敷②　（①を指さし）そうそう、こいつは、450年もこったらとこにいたせいで、おめえたちの『未来』ってもんが、見えるらしいんだ。
座敷①　まんずな。（まあな）

座敷❺・❻・❼、上手奥に寝ていたが、『生きてみたい』という言葉を聞き、それぞれ、のそのそと起きてくる。

座敷❺　おい、お前たち。何か誤解してるんじゃねえのか。お笑いだぜ！　俺たちは、生きてる人間の世界が、ちっともいいとこだとは思わねえ。
座敷❻　いいとこだとは思わねえ。
座敷❼　んだ！　んだ！　思わねえ！
座敷❽　俺はここで400年も見とる。あんな世界はまっぴら御免だ。人間は皆、自分勝手じゃ。みんな自分のこと、今のことしか考えてねえ、後から生まれていく奴のことなんて、考えもしねえで好き放題さ。
座敷❻　昔と比べりゃ、海も川もゴミゴミゴミじゃ。
座敷❼　それに、ひどく暑くて暑くて、やってらんねえ‼
座敷❽　んだ！　暑い、暑い！
座敷④　あまった食い物は、平気で捨てる！　俺たちが、腹
座敷❺　減って生きられなかったのに……。（辛そうに腹をおさえる）

座敷❻　おらのお母がもっと米を食えたら、おらだって、ちゃ〜んと生まれたかもしれねえ！
座敷❼　（少年少女を指さして）あ〜あ、米を捨てるなんて、鬼じゃ鬼じゃ！
座敷❽　（真似をして指さして）んだ！　んだ！　鬼じゃ！　鬼じゃ！

座敷❺　それに生きてる世界は、いじめと差別、憎しみと暴力、欲とだまし合いばかりじゃ。……それと比べりゃ、ここなんて、平和なもんさ。
座敷❻　生まれたって、な〜んにもいいことなんてねえよ。生きるなんてこたあ、辛いだけじゃ。ここには、学校もテストも宿題もねえぞ〜
座敷❼　勉強がねえ！
座敷❽　んだ！　んだ！　勉強しないから、俺たちず〜っと変わらねえ！
座敷②　まあた、おめえたちか。
座敷③　こいつらは、ここにいて、生まれたくねえって言っとるワラシ達なんじゃ。
座敷❺　おめえたちだって、ここでただただ生まれる順番待ってるだけだろうが。
座敷❻　なんであんな世の中に出ていきたがるのか、気が知れねえ！
B・マンガ　（話を聞いていて）でも、やっぱり私たちは、生まれるのが楽しみだな。

3人でキャッキャと喜んでいる。

座敷❻　（生まれるのが楽しみと聞いて）ちっ。浮かれてるのは、今のうちだけじゃ！　さ、少し昼寝でもするべ。

座敷ワラシ❺〜❽、後方の段に下がって、ごろりと横になる。

場面三　未来を聞き出す場面

3人は、それぞれ楽しそうに生まれた後のことを想像し合い、浮かれている様子。
A、下手から登場。下の方を見て考え込みながら歩いてくる。

A　どうすべきか。どうしたら、この問題を切り抜けられるのか。……ああ、どうしたら。
マンガ　……どうしたの？　何か、あったの？
ネイマール　あれ？　君も順番待ち？……僕たちより、前、だよね？……いやあ、僕、何番目かなあ、早く順番まわって来ないかなあ。
アイ　（Aをじろじろ見て）あなた、なんか、すっごい真面目そうね。ってか、賢そうな感じ。仮の名前は？
A　僕？　僕は、……。

ネイマール　……ん？　聞こえないよ。何？
A　僕は……『ケイ』って呼ばれてる……。
マンガ　『ケイ』って、いい名前ね。素敵。どこから付いた名前なの？　どう書くの？
A・ケイ　……それは、……言いたくないよ！
アイ　どうしたのよ、不機嫌そうねえ。これから、明るい外の世界に出て、幸せに暮らそうってときに、何よ、その顔。
ケイ　何を言ってるんだ！　君たちの方が、どうかしてるじゃないか。どうして、幸せに暮らすだなんて決まっているんだよ！
アイ　新しい世界は、ふつう楽しみでしょ。
ケイ　生まれる途中に死んだ座敷ワラシに会わなかったのか？
ネイマール　ああ、会ったけど。
アイ　私たちは、たぶん大丈夫。体も丈夫な感じだし、きっとちゃんと生まれるわよ。……なるほど。あなた、不安なのね？　そんな心配しなくても大丈夫よ。
ケイ　……君たちは、何も知らないんだね。……生まれた後のことを。
ネイマール　はあ？　何？　君は、知ってるの？　自分が生まれた後のことを。……まさか、それで不安になってるの？
ケイ　あの、最初に出て来た座敷ワラシいるだろ？　４５０年もここにいるってヤツ。長く居過ぎたかなんか知らないけど、ここから生まれていった人間の未来がわかるんだよ。
マンガ　ああ……そういえばさっきそんなようなこと聞いた気がする。
ネイマール　あの話ってマジなの？　すげ〜！
アイ　じゃあ、自分の未来を、教えてもらえるってこと？
ケイ　（うつむきながら）ああ。
マンガ　……未来って、つまり？
ネイマール　ここを出て、何年かの後の自分。生まれた後、自分たちがどうなるかって、ことだろ？
アイ　つまり、ケイちゃんは、自分の運命を聞いたのね？
マンガ　わあ、いいな〜。ねえ、どんなだったの？　教えてよ！
ケイ　……。
マンガ　どうしたの？　教えてよ。（ケイの腕をつかむ）
ネイマール　（肩に手をかけて）教えてくれたっていいじゃん。……あれ？　どうしたの？　やっぱ、ウソなの？
ケイ　（マンガとネイマールを振り払って）……言いたくないんだよ！　運命があるかどうか知りたかったら、自分であの座敷ワラシに聞いてみたらいいだろ！
ネイマール　ああ、わかったよ。聞いてみるよ！

マンガとアイもうなずき合う。３人で、寝ている座敷ワラシ①を起こし、中央に引っ張ってくる。

ネイマール　（①に向かって）ねえねえ、生まれた後の『未来』ってのを、教えてもらえるんでしょ？

座敷① まあ……。

他の座敷童②～④たちも、ぞろぞろと起きてくる。

座敷② そうだよ！　やっぱり知りたいよね！　自分の『未来』。

座敷③ 誰だって、知りたいさ！

座敷④ 素敵な未来！

座敷❻ （奥から現れて、④の真似をして馬鹿にして笑うように）『素敵な未来！』……だとさ！

座敷❺ やっぱり、この子たちも、自分の運命とかってやつを知りたがるのか。ちっ。

座敷❻ やめときゃいいのに。知れば、ここに残るって言い出すさ。（嘲笑するように）

マンガ （座敷①に向かって）ねえねえ、いいから教えて教えて！　私たちの明るい未来を！

座敷① しかたないなあ。……じゃあ、見てみるか。３人とも、そこの岩の上に乗って。

マンガ・ネイマール・アイ （それぞれに岩を運んできて、張り切って飛び乗り）オッケー！

魔法が起こるような音。

岩の上の３人にスポットライトがあたる。

座敷① マンガちゃん、おめえは夜遅くまでブログとやらに熱中しとる。そして、ネイマールくん、お前はずいぶん努力家だなあ。アイちゃんは仲良し大家族と毎日にぎやかに暮らしているようだ。以上じゃ。（言い終わって、下がろうとする）

マンガ なるほど。聞いて良かった！……って、まさか、それだけ？

座敷① それだけ、って。十分だろ。

ネイマール もうちょっと聞きたいよ！

アイ もっと知りたい！知りたい！　１人ずつくわしく！

座敷① 自分の未来なんて、そんなに聞いていいのか？

座敷② 生きてるだけで丸儲けって言うじゃねえか。生まれただけでも、ラッキーなんだよ。教えてやりなよ。

マンガ うん！　うん！　教えて！　教えて！

座敷① じゃあ、今度は１人ずつ岩の上に乗りなよ。

マンガ では、私から、お願いしま～す。（嬉しそうに岩に乗る）

魔法が起こるような音。

ステージ上手に、「未来のマンガちゃんの姿」が現れる。

別の生徒が演じている。

岩の上のマンガちゃんと「未来のマンガちゃん」にスポットライト。

暗い中に机とイス。机の上にノートパソコンが開かれている。

パソコンの明かりだけが青白くマンガの顔を照らす。

座敷①　まんがちゃん、君は小学生のころから漫画やアニメが大好き。中学生になると現実の世界より、２次元の世界に熱中する。

マンガ　なかなか多彩ね、私。それで？

座敷①　ある日、君のあげたブログに批判が殺到、大炎上。君は、説明をしようとするが、更に悪化。学校の友達の態度が変化。

未来のマンガ役　頭を抱える。

マンガ　ええ〜っ！

座敷①　日常生活にも不安を覚え、学校に行けなくなる。

ステージ下手側に友達が登場。

友達Ｅ子　まんがちゃんってさあ、生意気だよね。私の好きな動画の批判とか、許せない！

友達Ｆ美　ホント、人の趣味とか、否定してんじゃないっつうの。

友達Ｅ子　私、明日から、友達やめるわ。

友達Ｆ美　あたしも！

母　（下手側から入ってきて）今日も学校は休むつもり？

父　（上手側から入ってマンガ役の横に立ち）いい加減にしなさい！　昼間っから、こんなに部屋を暗くして。何をやってるんだ！

パソコンの光だけがマンガの顔を照らす。

ステージ上手側下手側の「未来」のスポットが消え、座敷ワラシ①とマンガにスポット。

座敷①　友達がいなくなって２か月、すっかり夜と昼の時間が逆になったキミは、夜起きて昼は寝ている生活。

マンガ　えええええ〜っ！　なにそれ、私、友達が全然いないの？　まさかでしょ？　やだ！　やだやだ！　そんな人生いやだよ！

座敷①　さあ、どうだろう。夜中にパソコンに向かっている姿しか、見えん。

マンガ　やだってば！　勘弁してよ！（岩から降りて、アイにしがみつく）

ネイマール　じゃあ、僕はどうなの？　まさか、僕まで引きこもったりしないよね。

マンガ　嫌だ！　私だって、引きこもったりしないよ！

ネイマール　（ポンと身軽に台に上がって）さあ、僕の、運命は？

魔法が起こるような音。

座敷①　……ネイマール、お前には今、何が見えてる？

ネイマール　う〜んと、真っ白だな、こりゃ何だ？　白い雪？　それとも雲かなあ？　いや、……白い……白い壁？　どこかの部屋の天井かな？

座敷①　ネイマール、お前は生まれつき骨がうまく育たん病気だ。ベッドから立ち上がるのも難しい。

ネイマール　ええっ？　嘘だろ？　こんなに走りたくてしかたないのに？　跳んではねて、ボールを追いかけるんじゃないのかよ！

　　ステージ上が暗くなり、ステージ上手側にスポット。
　　車イスを母に押され、パジャマ姿の少年（未来のネイマール役）が入ってくる。
　　下手側には、父が立っている。

母　今日は少し、調子がいいから、車イスにのせて病院の庭を散歩したのよ。

父　それは良かった。毎日、学校にも行けず寝たきりだからな。

母　足の関節が、うまく成長してくれれば、いつか歩ける日が来るかもしれない……。

父　……ママ、今の医学では無理だ。期待ばかりしていては、むしろこの子がかわいそうだよ。このままいけば、自分の足で歩くことは難しい。夢を持たせ過ぎてはかわいそうかもしれん。この子にできることを認めてあげれば、それでいいんじゃないのか？

　　ステージ上手側下手側の「未来」のスポット消える。
　　中央の岩のネイマールにスポット。

ネイマール　嫌だよ！　どうしてこの僕が、そんな病気に？　一生自分で歩けないなんて、そんな運命ひどすぎる！　自分で立つこともできないなんて、あんまりだ！　最悪だ、絶望だ！（岩からふらふらと下り、頭を抱えて座り込む）

マンガ　さあ、今度は、アイちゃんの番。（座っていたアイを無理やり立たせて岩の方へ押す）

アイ　えっ、私は……もういいよ。

マンガ　駄目よ！　自分だけ。

ネイマール　そうだよ。どうせ、僕よりひどい未来なんてないよ！

マンガ　何言ってるのよ、私は私の人生が嫌！

ネイマール　僕なんて、一生歩けないんだぜ?!　不幸すぎるよ！

アイ　もう、２人ともやめてよ、聞きたくない！

マンガ　ずるいわよ、自分だけ。アイちゃんも、運命聞きなよ！

　　アイ、仕方なさそうに、黙って岩に上がる。

　　魔法が起こるような音。

座敷①　（遠くの未来を見るように客席の奥を見つめ）アイちゃんの家族は、両親とおじいちゃんとおばあちゃん、それにお兄ちゃんとお姉ちゃん、弟、妹。５人姉弟の真

ん中だ。一家はなんと9人家族。にぎやかだぞ。（未来の家族が、上手側下手側から順に1人ずつ登場）

上手側に居間の風景。ちゃぶ台。

外は暴風雨。風の音が響いているが、テレビの歌番組の音にかき消されていく。

中学生のD・アイが歌番組を見ながら夢中で踊っている。テレビが客席側になるという設定。

ちゃぶ台の周りで、祖父はアイが踊るのを楽し気に見ている。

妹は祖母とあやとりや折り紙で遊んでいる。

兄は雑誌を見ている。弟は野球のグローブを磨いたりはめたりしている。父は新聞を眺めている。

母と姉は少し離れた台所設定の位置でハンバーグを作る動作。

アイ、テレビを見て、踊りながら歌を歌っている。

父　（立ち上がり、窓の外を見るような動きをして）おい、すごい雨だな。テレビで天気予報やってないか？ニュースだよ、ニュースつけて。

アイ、かまわずに無視して踊り続けている。

母　（台所から声をかけて）最近、ちょっと地震が続いているから、いろいろ心配ねえ。

祖父　（アイの踊りを見て手拍子をしながら）おお、お前は歌が上手いな、それに踊りも上手じゃ。

祖母　ホントにねえ。上手いものじゃ。この子はホントに楽しそうに踊るねえ。

兄　おい、踊るのはいいけど、ちゃんと宿題やったのかよ。

アイ　（うるさそうに）やったわよ、少しは。あとちょっとで終わる。

兄　まだ終わってないのかよ。

アイ　（踊り続けながら）あとちょっとだってば。

姉　（台所から）何言ってるの、晩御飯の支度も手伝ってよ。

アイ　お姉ちゃんがいるから、いいじゃん。今、私、忙しいの！

妹　（祖母と遊んでいたが）何が忙しいの？　歌ったり踊ったりしてるだけじゃん！

アイ　だから、これが大事なのよ！

弟　（野球のグローブをいじりながら）何が大事なんだよ。

アイ　私、歌手になるんだもん。

弟　えっ、まっさか。……テレビのチャンネル変えていい？野球やってるはず……。（ちゃぶ台のリモコンを取ろうとする）

アイ　ダメ！　そろそろ好きな曲やるから！　それに今夜は大雨だもん、野球は中止よ！（先にリモコンを取ろうとする）

妹　やだ！　アニメ始まるもん。（リモコンの取り合いに参

加）

弟　ええ～！　なんか他におもしろいの無いの？

妹　いや！　アニメ！

アイ　うるさいよ！

兄　お前は宿題やれ！

母　（食事を運んできて）ほらほら、もうご飯支度できたよ！

弟　（皿をのぞきこみ）やったあ、今日ハンバーグじゃん！

妹　すご～い！　ハンバーグ、ハンバーグ！

家族みんな　（皿や箸をにぎやかに並べて楽しそうに）いただきま～す！

姉　今日はごちそうだね、どうしたの？

母　ごちそう？……まあね。

祖母　おお、今日は、たしか……。

父　実は、結婚記念日。

子どもたち　えええ～っ？　そうなの？　わああい！

（口々にはやし立てる）

激しく雨の降る音。

姉　（窓の外を眺める動作をし）それにしても、外の雨すごいね。……聞いてる？　お父さん。

父　（それに応えて）おい、ニュースはやってないのか？

稲光、低くゴロゴロという音。落雷の音。

暗転。停電になる。

妹　きゃ～暗～い！　恐いよ～お母ちゃん！

姉　やだ、せっかくご飯だって時に。

弟　おれのハンバーグ～。

祖父　大丈夫じゃ、心配するな。

稲光。外で大きな雷の音。

暗い中、大きな地鳴りがする。土砂崩れの音。家族の悲鳴。

弟・姉・妹・兄・アイ　わああああ～！　きゃあ！　お父さん！　お母ちゃん！

ステージ中央の役者にスポットライト。

アイ　……何？　今の、何？……終わり？

ネイマール　今のって、土砂崩れ？　まさか……。

アイ　やだ！　私の家族は？　私の家は、どうなったの？

座敷①　……これが、お前たちが知りたがってた未来だ。それぞれ、その先、どうなったかはわからない。

ネイマール　ウソだろ？　ネイマールとかって言っておいて、ボールを蹴るどころか歩くこともできないなんて！　こんなの僕の未来じゃない！

マンガ　私だって嫌だよ！　友達が1人もいなくなって引きこもりになるなんて、あり得ない！　絶対！

アイ　豪雨のせいで、一家全滅なんて、嘘でしょ？　なんで？　なんで？　自分が生まれる順番来ないからって、私たちに嫌がらせしてんの？

座敷①、首をふる。

ケイ　（下手から現れ、静かに3人に近づく）やっとわかったかい。だから言ったじゃないか、幸せになるなんて、決まってないって。

マンガ　あっ、さっきの。

ネイマール　うるさい！　誰が想像するもんか、こんな絶望的な人生‼

アイ　何よ、私よりいいでしょ！

マンガ　１人ぼっちの私の方が不幸よ！（ケイに向かって）……ところで、あなたの未来はどうなるの？　さっき聞いてないよ。

ケイ　……僕は……。

場面四　少年ケイの場面

天の声　（マイク等を使い声を響かせて）ケイ、あなたの生まれる順番が来ました。誕生の準備をしてください。

座敷①　ああ、ケイの番が来たか。…さあ、準備をするといい。

ケイ　ええっ……無理だよ。僕は、生まれるなんて、できない！　だって、僕は、生まれてすぐに、死ぬんだろ？

たった3日しか生きられないんだろ？　そんな未来、受け入れられないよ！

マンガ　えっ？　どうして3日しか生きられないの？

ケイ　僕は、置き去りにされるんだ。山奥の、ずっと山奥の、古くてサビ付いて捨てられた軽トラックの座席に。生まれて３日目に、置き去りになるんだ！

ネイマール　どうしてそんなことに。

座敷①、わからないというように、黙って首を振る。

ケイ　たった3日の未来なんて、嫌だよ！　僕は、かなり勉強は得意なはずなんだ。（不安のためにうろうろ歩き回りながら）うん、頭はいいはずだ。生きていれば、きっと多くの人の役に立つ大人になれると思う！

座敷❺　（後ろで黙って聞いていたが、近づいて来て）いくら頭がよくたって、３日で死ぬんじゃあな。だから、俺たちとずっとここに居ようぜ。ここは、ちょっと暗いけど、特に苦しいこともねえ。

座敷❻　（ケイの肩に手をまわし）そう。死ぬ苦しみが、ねえ。

座敷❼　生きてないから、死なねえのさ。

座敷❽　んだ、そのとおり。

座敷❺　（ケイを誘うように）よけいな期待をすることもなく、頑張る必要も、ねえ。

ケイ　希望もないかわりに辛さもない。何にも、ない、ってことか。……う～ん、どうしよう。

アイ　（座敷①に向かって）ねえ、なんとかできないの？

マンガ　（座敷①に向かって）そうよ、なんとかしてあげなよ！

座敷①　そういわれても、ケイの人生だから。

ケイ　（マンガに向かって）じゃあさ、何とかしてくれる気持ちがあるなら、僕と未来を交換してよ。

マンガ　えっ？

ケイ　友達のいない未来は、嫌なんだろ？　自分から人生を捨てるんなら、僕がもらうよ！　要らないなら、くれよ！　僕は、不愉快な情報を、ネットに流したりしない。友達ともうまくやる。

マンガ、後ずさりながら、逃げる。

ケイ　（今度はネイマールに少しずつ近づきながら）、じゃあネイマール、君が僕と代わってくれないか？　寝たきりの人生なんて嫌だって、言ってたよね？　そんな未来に「絶望だ」って言ってたよね？　僕は大丈夫、絶望しない。たとえ歩けなくても、たくさん勉強して、医者になって、自分の体を治す方法を研究する！　僕は、やるよ！　絶対にやる！（ネイマールを追い詰めて）だから、代わってよ！

ネイマール　（さりげなく逃げていたが最後はケイを振り払って）えええ～嫌だ。代わるなんて無理だよ！

ケイ　じゃあ、（とアイを見る。アイは逃げる。アイを捕まえて、説得するように）ねえ、お願い！　代わってくれよ！　僕なら、豪雨の日に、何も考えず歌番組なんて見てない！　ちゃんと気象情報を気にするし、災害への備えも万全にする。もしもの時のために、家族と避難訓練もして、みんなを助けるんだ！　家族を守るから！　だから、だから、だから、代わってくれ～！（3人を追いかけまわす）

マンガ　もう、やめてよ！　なんとか、ならないの？　この、私たちの運命！

ネイマール　何もかも、絶望的だ！

座敷①　……どうして？

4人　（4人とも驚きながら）どうして⁇

アイ　私たちの気持ちが、わからないの⁈（驚き、あきれるように）

座敷①　だってオラが話したのは、お前らの未来のほんの一部だぞ。

ネイマール　運命を変えてはくれないの？　座敷わらしは、助けてくれないの？

座敷①　運命？　未来を決めたり、変えたりするのは、おめえたち、自分たちだろうが。

ケイ　大人にならずに死ぬなら、何のために生まれるのか、わからないよ！　それに、僕たちは、幸せになりたいから、生まれたいんだ！　幸せになれないってわかっていて、生まれるなんて、辛すぎる。

他の3人、同感だというようにうなずく。

座敷①　（心から不思議そうに）……その『幸せ』って、誰かがプレゼントしてくれるものなのか？　最初からすべて決まっているものなのか？

ネイマール　（考え込んでいるが、思い切って尋ねるように）……ずっと寝たきりでも、『生きている意味』はあるの？

座敷①　何百年も、人間の世界を見てきたが、人には、『困難を乗り越える力』が生まれつき備わっとる。

座敷②　そう、一人一人、みんな持っとるな。

座敷①　ときにはみんなで知恵を絞ったり、考えを出し合って、力を合わせて支え合ったり。そうやって、長い歴史を生き抜いてきた。

ケイ　……困難を乗り越える力……。

座敷❺　（後ろで話を聞いていたが、前の方にぞろぞろと出てきて、ケイを誘うように）外の世界は、苦しいぞ。

座敷❻　嫌なことがいっぱいじゃ。

座敷❼　悲しい思いをしに、なして（どうして）出ていかねばなんねえのよ。

座敷❽　んだ、んだ、ここでは、１日中遊びだけ！

ケイ　（ステージ中央に立ち悩みながら）……どうすれば……。

座敷②　（中央に立つケイの両側から、座敷童たちが誘いをかけ）森のなかで精いっぱい泣けば、誰か気づくかも。

座敷❺　泣いても、声は届かねえ。

座敷③　希望を捨てたら、ダメじゃ！　力の限り、人を呼べ！

座敷❻　１人ぼっちで、何ができる。泣けば、腹が減るだけだべ。

座敷④　可能性は、ゼロじゃねえ！　自分で努力して人生を切り開け！

座敷❼　お前は１人になるんだぞ！　ここにいれば、人に裏切られることもねえ。

座敷❽　んだ！　んだ！　そのとおり！

天の声　（マイクを使い、声が天から降るように）ケイさん、どうしますか？　生まれるか、生まれずにここに残るか。どちらか選んでください。

座敷①　（ケイに近づき、力強く）……怖がってばっかいねえで、自分のなかの力を信じてみろよ。自分の未来は、自分で拓いてみたらいかべ（いいじゃないか）。まずは、外さ（外に）出て、自分のできる限りの力で、やれるだけのこと、やってみろや！

ケイ　……まだ、僕は、外の世界を見たことないのに、怖がってるだけなのか……。

座敷①　（観客席の後ろのほうを指さしながら）お前の物語は、ここを出てから始まる。

ケイ　（下を見て考え込んでいたが、決心したように顔を上げ）僕は、ここを出ていく。生まれることにする！

座敷①～④と少年少女、手を取り合い、喜び合う。

座敷❺～❽　ちっ！（つまらなそうに後ろの段に下がる）

座敷①　わかった。お前は、この道を進んでいけ。（下手を指して）前へ、前へ、自分の力で外に出ろ！

ケイ　うん！　全力で『自分にできること』をする！

座敷②　頑張れよ！　ケイ。

ネイマール　しっかり！　しっかり大きな声で叫んで！

ケイ　ああ。やってみる。

ネイマール　うん！（握手する）

ケイ　アイちゃん。生まれたら家族を大切にして！

アイ　うん。ケイ、負けないでね！

ケイ　じゃあ、僕は行くよ！

3人、座敷わらしたち、口々に「がんばれよ！」「負けないで！」「しっかり！」など。

ケイ、舞台の下手に去る。

3人の少年少女、ケイの後姿をじっと見送る。座敷ワラシたちは後ろにもどる。

3人、中央付近に岩を運んできて、それぞれ座り込む。

マンガ　……私たちの未来って、本当に、何も決まっていないのかしら。

ネイマール　俺たち次第で、変えられるってことか。

アイ　未来は、本当に自分たちで変えられるのかな？

アイ　ケイが、自分の運命変えられたら、私たちも変えられるかも。

ネイマール　……僕は、体を鍛える。少しでも健康になれるように。そして、ケイがいつか医者になって、僕を治す薬を作ってくれるのを待つ！

アイ　な～んだ、待ってるだけ？

ネイマール　車いすでパラリンピックを目指す！

マンガ　おお～！　いいね～それ！

場面五　迷う3人の場面

座敷①　うしろの段から静かに、近づいてくる。

ネイマール　ねえねえ、ケイはどうなった？　大丈夫だったんでしょ？　誰かに見つけてもらったんでしょ？　助かったんだよね？

うす暗くなる。

ケイの声　（マイク等を使い、声だけが降ってくるように）僕、頑張ったんだ。生まれて3日目、父さんに抱かれて、山奥の軽トラックの座席に置き去りにされた。僕は、その時も全力で泣いて父さんにすがり付こうとしたんだけど、ダメだった。

心配そうに、顔を見合わせる3人。

ケイの声　「迎えに来てね！」って、そばにいた母さんに言った。その晩、一晩中、僕は精いっぱい泣き続けた。夜が明けても母さんを呼んだ。けど、日が昇って、車のなかが暑くなってきて……意識を失った。

3人、驚き、涙をこらえる。

ケイの声　僕は、頑張ったよ。どうしても生きたかったから。

静けさが訪れる。
3人、ケイの声が聞こえなくなり、どうなったのか、知りたい！という様子の3人。

天の声　（落ち着いてゆったりと）まんがちゃん、ネイマールくん、アイちゃん、生まれる順番が来ました。ご準備願います。

驚き、怖がる3人。

マンガ　え〜っ？　ケイはどうなったの？

アイ　今？　こんなときに、3人一緒に順番が回ってくるなんて……！

ネイマール　今、生まれるかどうかなんて、決められないよ！

3人、抱き合って、うろたえる。

座敷⑩　（タブレットのようなものを見ながら）え〜生まれて80年以上経った方々へのアンケートによりますと、人生で後悔していることは『挑戦しなかったこと』だとさ。やらねぇで後悔するよりは、やって後悔した方がマシってことじゃ。

ケイの声　みんな……。

少年少女、はっと聞き耳をたてる。「ケイの声……」「ケイだ」

ケイの声　実はね、僕を助けようとしてくれた人がいたんだ。

ネイマール　えっ？　本当？

驚く3人。
ケイの声に合わせて、下手側で演技。
静かに流れる優しい音楽。
ケイの声にあわせて、おじいさん役、看護師役、医師役が演じる。

ケイの声　その人は、毎朝山の上のお社を拝むために、杖をついて山道を毎日登っているおじいさん。泣いている僕の声がおじいさんに届いて、おじいさんはさび付いた軽トラックのドアを必死に開けてくれた。おじいさんは僕をしっかりと抱いて『もう大丈夫だ』って、ふもとに連れて下りてくれた。『この子を助けてくれ。頼む、助けてくれ』って病院に駆け込んで、お医者さんや看護婦さんたちが懸命になって僕を助けてくれた。僕は必死で叫んで、巡り合えたんだよ。自分の力で、僕を思ってくれる人に巡り合ったんだ。

音楽、消えていく。
手を取り合い、喜び合う３人。

ネイマール　良かった！……運命は『努力』で変えることができるのかもしれない！

座敷②　（聞いていて後ろの段から出てきて）ほら、（客席側後方を指さして）向こうの方、外の世界を見てごらん。

★

ネイマール　……車いすに乗ってる人に、本棚の本を取ってくれてる学生が見える。

座敷④　そうさ、ネイマール、困ってるときはお互いさま。親以外の人にも、頼ってごらんよ。

座敷⑨　不便なことがあれば、それを伝えてごらん。

座敷④　君が便利な世界は、人に優しい世界さ。何が不便か、伝えてごらん。

座敷⑨　大丈夫。自分らしく、生きてみよう。

座敷②　（再び客席後方を指さして）ほら、今度はこっち。遠くから被災地を訪れ、防災を学ぶ中学生の姿が見える！

座敷③　過去を風化させると、また犠牲が出るからのう。

座敷⑨　そうじゃ、伝えることで、人の命を救えるんじゃ！

座敷⑩　（マンガの方に向かって）マンガちゃん、お前には、たくさんの人に伝える『発信力』があるよな。

マンガ　えっ？　私？

座敷⑩　ネイマールの思いも、アイちゃんの願いも、伝えてごらん！　きみの『伝える力』で、人を救えるよ！

座敷⑨　情報を正しい方向に使えば、たくさんの人を幸せにもできるし、命も救えるんじゃ！

マンガ　私の力で、人を救える……。

座敷❺～❽は、集まっている様子を見て、★あたりのタイミングでぞろぞろと前に出てきたが。
腕組みして考えている様子。

アイ　（座敷❺に向かって）ねえ、相手を思い合う人が増えて、世界が変わったら、どう？

座敷❺　そうだなあ、どんなふうに生まれたとしても、みんなが助けてくれるなら……。

座敷❻ 人間が、優しい心で、世界をつくってくれるなら、……ほんとうは、俺たちだって、生まれたい！

座敷❽ 『思いやりの世界』なら、俺だって、生まれたいよ！俺だって生まれたい！

アイ （みんなを見てからうなずいて）そうよ、どの座敷ワラシも生まれたいって思う世界を、私たちで作っていこう！

座敷① （みんなの様子を見ていて、近づいて来て）アイちゃん、お前は、生まれるんだな？

アイ うん！ 私は、生まれるよ！ この物語を、『未来』を、変えてみせる！

ネイマールとマンガちゃんも大きく頷く。３人で、確かめ合うように、さらに力強く頷く。

座敷① （重々しく確かめるように）じゃあ、３人とも、生まれるんだな？

３人、しっかりとうなずく。

座敷① さあ！（客席後方を指さし、力強く）、ここから出て、自分だけの特別な人生を生きていけ！

☆合唱隊を合唱段に入れるなら、このあたりからステージに移動開始。

明るいスポットライトが３人にあたる。眩しそうにしながらも、晴れやかな表情の３人。

座敷① 科学を学び、世界の人たちと知恵を合わせて、答えを見つけろ！ 大切な命がずっとつながるように、手を取り合って、世界を変えていけ！

座敷❺ 扉を開けろ！（どんどんと扉をたたくようなしぐさ）

全員 （腕に力を込めて扉をたたく動作をしながら）扉を開けろ！

座敷❻ 命をずっとずっと　つなぐべ（つなごう）！

全員 （扉をたたく動作で合わせて）命をつなぐべ（つなごう）！

座敷① その手で、物語を、変えるんだ！

全員 （扉をたたく動作で合わせて）物語を、変えろ！

暗くなる。

出演する生徒全員が合唱隊形で並んでいる。

舞台上手にアイの家族。
産科病院の待合室。椅子にアイの母が赤ん坊（人形でよい）を抱いて座っている。
下手側隣に病院の長椅子があり、祖父と祖母が座っている。ふざけあっている兄と姉。父は、心配そうにうろうろ歩き回っている。

赤ん坊の生まれる声。

赤ん坊の声を聞いて、みんな立ち上がる。

父　おお！　生まれたか！

祖父　そのようじゃな。

みんな、赤ん坊を抱く母に駆けよる。

姉　わあい！　あたしの妹！　私、お姉ちゃんになったんだ！

兄　男でしょ？　母さん！　一緒に野球しような？　な？

母　女の子よ。

兄　えええ～！　でもいいや、一緒にキャッチボールしような？　な？

祖母　元気そうな子じゃね。

姉　ね、ね、抱っこしていい？

兄　ずるいぞ！

姉　先に、抱っこする～

祖母　まずは、お父さんから。はい、お父さん。

父　（赤ん坊を抱っこして）お～、カワイイな～！　パパでちゅよ～！　お待ちしてましたよ～。

祖父　（赤ん坊をのぞきこんで）ワシに似て、かわいいのう。

兄　お父さん、名前はどうするの？

父　そうだなあ、……うん、みんなに愛されるアイちゃんだ！

姉　わあい！　アイちゃん！　アイちゃん！　会えて良かった！

祖母、兄、そして合唱隊の生徒もうれしそうに、口々に「アイちゃんだって」「名前はアイちゃん！」など、親しみを込めて名前を呼ぶ。「アイちゃん、いい名前だ！」「かわいいね～アイちゃん！」

父　（客席の方を向いて、笑顔で高らかに）アイちゃん、待ってたよ！　誕生日　おめでとう！

生徒全員　おめでとう‼　（ステージ上全員で拍手）

吹奏楽による伴奏。

合唱「いのちの理由」

上演の手引き

舞台は、座敷童の住む「人が生まれる前の世界」。生まれる順番が来ることを、ずっと待ち続ける座敷ワラシと、人間世界を眺めその様子に希望が持てなくなり、生まれることをやめようとする座敷ワラシが住んでいます。

そこに登場する、少年少女。彼らに予定されている未来は、あまり明るくないようです。彼らは、運命に負けて生まれることをあきらめるのか、それとも、勇気をもって生まれることを決意するのでしょうか。

大テーマは「自分次第で運命は変えられる」ということ。

飢饉による飢えで生きられず、家族や親の愛に憧れる座敷ワラシたちは、現代の人間生活に疑問を持ち、生態系の破壊に憤っています。

私たち現代人は、今の生活を変え、自然や他者を思いやる生き方＝新しい筋書きに物語を書き換えていかなければなりません。座敷ワラシたちに気づかされ、みんなで未来を変えていこう！そう訴える脚本にしました。

「防災意識」「情報モラル」「共生」「SDG's」等について、事前に調べ学習すると、セリフに対する感情の込め方や演技にも良い変化が生まれるでしょう。

ステージのつくりは、中央に平台が2段（合唱の段）、下手に吹奏楽（6～9名位）ピットとしての段を設置。座敷ワラシは合唱段に腰かけていて、基本的に後方から前方に出てセリフを言ったり演じたりし、セリフのないときは後ろに下がってごろごろしているという動きしました。座敷ワラシの座る「岩」は、ビールケースを紙や布で包んで岩のような色に塗りました。座敷ワラシと吹奏楽の生徒（最初に「わらべ唄」をアカペラで歌う）は浴衣を短めに着ます。合唱する生徒は制服にしました。

さだまさしさん作詞作曲の「いのちの理由」という曲は、「いのち」の意味を考えさせてくれる素晴らしい曲で、本校では劇ラストに合唱で歌わせていただいています。

上演の手続き

これまで、わが国では著作権を尊重する考え方が普及しておらず、学校演劇脚本の上演に際しても、著作権は、ほとんど無視されていたといってよい状態でした。しかし、著作権尊重の見地から、学校演劇脚本の上演に当たっては、少なくとも、つぎのようなことが守られるべきだと考えます。

著作権の尊重と、その正しい考え方の普及は、教育上からも重要な課題といえますので、ぜひご協力をお願いいたします。

(1) 義務教育段階での、学校での教育上の目的による学校演劇の上演については、著作権法の特例として著作権者の了解がなくても脚本を利用することができることになっています(二〇〇三年の著作権法改正による)。ただし教育現場以外での上演については、著作権者に上演の許諾を求める必要があります。

(2) しかし、作品および著作権尊重の立場から、本書収載の作品の上演を希望する際は、上演届(次頁参照)を、晩成書房までお送り頂くようお願いいたします**(作者連絡用切手を添えて)**。到着次第著作権者に連絡します。

(3) プログラム等を印刷する際は、必ず著作者名および掲載書名を表示してください。

(4) 脚本を、上演台本として必要な部数に限って複写(コピー)することは許されますが、それを他に配付したり、頒布したりすることは許されません。その必要がある場合は許諾を求めてください。

(5) 上演に際し、著作物の一部を改める際は、上演届にその旨を記し、改変された台本をお送りください。

中学校創作脚本集2022編集委員会

晩成書房 殿

年　　月　　日

学校（または団体）名

所在地　〒

電話

担当者名

上　演　届

このたび、『中学校創作脚本集２０２２』（晩成書房刊）収載の作品を、下記のように上演しますので、ご連絡いたします。

記

1. 脚本題名	
2. 著作者名	
3. 上演目的	
4. 上演期日	
5. 出 演 者	
6. そ の 他	作者連絡用 切手貼付欄

中学校創作脚本集２０２２編集委員会

代　表　山下秀光　神奈川県中学校文化連盟演劇専門部顧問
元 全国中学校文化連盟理事長
元 神奈川県中学校文化連盟会長
元 神奈川県中学校文化連盟演劇専門部会長

事務局　大沢 清　元 全国中学校文化連盟副理事長
元 神奈川県中学校文化連盟演劇専門部 事務局長
横浜市立中学校演劇研究協議会 顧問
横浜市立中学校部活動（演劇）指導員

〒252-0013 神奈川県座間市栗原 1278-7

中学校創作脚本集２０２２

二〇二二年七月一日 第一刷印刷
二〇二二年七月一〇日 第一刷発行

編　者　中学校創作脚本集２０２２編集委員会
発行者　水野久
発行所　株式会社 晩成書房
●〒101-0064 東京都千代田区神田猿楽町二-一-一六-一F
●電　話 〇三-三二九三-八三四八
●ＦＡＸ 〇三-三二九三-八三四九
印刷・製本　株式会社 ミツワ

乱丁・落丁はお取り替えします
ISBN978-4-89380-511-9 C0074
Printed in Japan

もし初めて演劇部の顧問になったら
演劇部指導ハンドブック
田代 卓 著●2,000円＋税 978-4-89380-495-2

●演劇部指導は誰でもできる！
演劇体験がなくても大丈夫。自身も演劇体験ゼロからで演劇部顧問になって、中学生たちと劇づくりを重ねてきた著者が、演劇部指導のポイントをわかりやすく解説。

演劇部12か月
中学生の劇づくり
栗山 宏 著●1,200円＋税 978-4-89380-405-1

●中学生の劇づくりマニュアル！
中学校演劇部１年間の指導のポイント、創造的な基礎練習の方法、劇指導の実際……。中学校演劇指導に定評ある著者が、そのノウハウと実践を紹介。

シェイクスピアが笑うまで
中学生のための脚本創作法
志子田宣生 著●1,200円＋税 978-4-89380-365-8

●脚本『ダブルはなこ』を創った中学生と先生の会話の形で、脚本創作方法をわかりやすく解説。中学生の創作脚本を実例に、脚本の構想、構成、せりふ、ト書きの書き方まで、シェイクスピアの作品などを手本にしながら、解説。

中学生・高校生のための
劇作り９か条
菅井 建 著●1,200円＋税 978-4-89380-326-9

●一度はオリジナルの劇をやりたい！
そんな中学生、高校生に贈る［ミニ・テキスト］。数々の学校劇作品を生んできた著者が、脚本創作のポイントを明解な９か条で説明。

インプロゲーム
身体表現の即興ワークショップ
絹川友梨 著●3,000円＋税 978-4-89380-267-5

●即興で表現を楽しむインプロ・ゲームを集大成。大人から子ども、俳優を志す人からコミュニケーションのテクニックを身につけたい社会人、それぞれに活用できる即興ワークショップ。部活のウォーミングアップにも最適。

［ミニテキスト］
はなしことばの練習帳 1・2
菅井 建 著●各700円＋税 978-4-938180-54-6/81-2

●１【基礎編】は、単調になりやすい発声・発音の練習を台本形式で楽しく、わかりやすく練習する絶好のテキスト。２【演技編】では、人物の心の動きをどう読み取って表現するか、小台本で楽しく学ぶ。

［ミニテキスト］
こえことばのレッスン 1・2・3
さきえつや 著●各700円＋税 978-4-938180-95-9/89380-108-1/154-8

●相手にとどくこえで、イメージ豊かにことばを話すためのレッスン。1【こえ編】では、全身を使った発声の仕方を学ぶ。2【ことば編】では、台本に書かれていない「ことば」の背景を探る。3【表現編】で、ことばの特質を知る。

THE STAFF ザ・スタッフ
舞台監督の仕事
伊藤弘成 著●3,400円＋税 978-4-89380-169-2

●舞台監督は裏の主役！ 稽古・各プランの立て方・大道具の作り方、建て方、吊り方・仕込み・本番・搬出、芝居づくりのすべてを支える舞台、照明、音響、メークなど、あらゆるスタッフの仕事を、舞台監督の仕事を軸に詳細に解説。

八月のこどもたち
如月小春 著●2,000円＋税 978-4-89380-186-9

●兵庫県立こどもの館で初めて出会った23人の中学生たちと、如月小春＋劇団NOISE俳優たちとの、ひと夏をかけた熱い劇づくり。子どもたちの個性が輝く感動の記録。
脚本［夏の夜のアリスたち］併載。

中学生とつくる総合的学習
ゆたかな表現・深まる学び
大沢 清＋村上芳信 編●2,000円＋税 978-4-89380-239-2

●中学校の「総合的な学習の時間」でどのようにことばとからだの表現を育てるか。その時「演劇」はどのように生かすことができるのか。提言と実践報告、「総合的な学習の時間」に生かす劇活動資料を収載。

中学生とつくる総合的学習２
子どもが変わる もうひとつの学び
大沢 清＋村上芳信 編●2,000円＋税 978-4-89380-290-3

●中学校の「総合的な学習の時間」で、ことばとからだの表現を生かすことの意義を探り、芸術教育、表現教育が現在の子どもたちに欠かせないものであることを示す。
表現を軸にした総合学習の実践の貴重な実践・提言集。

夢を演じる！
横浜で演劇教育と地域演劇をつくる
村上芳信 著●2,000円＋税 978-4-89380-397-9

●演劇が子どもたちを元気にする！ 演劇が地域をむすぶ！
「演劇大好き！」な子どもたちと、「芸術が社会を変える！」と信じる大人たちに贈る。横浜発、演劇教育と地域演劇、区民ミュージカルづくりの記録と〈檄〉的メッセージ！

動く 見つける 創る
中学校・高等学校のダンス教育 978-4-89380-430-3
碓井節子・内山明子・殿谷成子 編著●2,000円＋税

●教育におけるダンスとは?「身体の動きを通して創造力を育てる」というダンスの理念に基づき、グループでの創作のプロセスを重視した実践書。ダンスは身体による新しい時空間世界を創り出す楽しい遊び。

中学生のドラマ 全10巻 収録作品一覧

日本演劇教育連盟 編／定価各2,000円+税

1 現代を生きる 978-4-89380-178-4

バナナ畑の向こう側＝榊原美輝／コーリング・ユー＝堀 潮／ハコブネ1995＝須藤朝菜／最終列車＝つくい のぼる／ひとみのナツヤスミ＝高橋よしの／逃亡者―夢を追いかけて＝溝口貴子／グッィ・トイレクラブ＝いとう やすお

2 学園のドラマ 978-4-89380-189-0

Ⅱ年A組とかぐや姫＝深沢直樹／石長比売狂乱＝網野朋子／絆（きずな）＝鮫島葉月／マキ＝浅松一夫／わたしはわたし＝森田勝也／閉じこもりし者＝正 嘉昭／蝶＝古沢良一

3 戦争と平和 978-4-89380-195-1

長袖の夏―ヒロシマ＝小野川洲雄／無言のさけび＝古沢良一／残された人形＝東久留米市立大門中学校演劇部／消えた八月＝森田勝也／戦争を知らない子どもたち＝平久祥恵／ガマの中で＝宮城 淳／砂の記憶＝いとう やすお

4 いのち―光と影 978-4-89380-266-8

墓地物語～夏の終わりに～＝新海貴子／ステージ＝上田和子・田口裕子／リトルボーイズ・カミング＝堀 潮／黒衣聖母＝網野友子／梨花 イファ＝高橋ひろし／mental health―病識なき人々＝渋谷奈津子／まゆみの五月晴れ＝辰嶋幸夫

5 宮沢賢治の世界 978-4-89380-293-4

猫の事務所＝如月小春／月が見ていた話＝かめおか ゆみこ／どんぐりと山猫（人形劇）＝伊東史朗／星空に見たイリュージョン＝深沢直樹／太郎のクラムボン＝古沢良一／セロ弾きのゴーシュ（音楽劇）＝和田 崇／ジョバンニの二番目の丘＝堀 潮

6 生命のつながり 978-4-89380-329-0

だあれもいない八月十日＝佐藤 伸／森のあるこうえん……＝高橋よしの／おいしーのが好き！＝吉原みどり／コチドリの干潟（うみ）＝いとう やすお／めぐり来る夏の日のために＝仲西則子／母さんに乾杯！―命のリレー―＝大貫政明／スワローズは夜空に舞って 1978年を、僕は忘れない＝志野英乃

7 友だち・友情 9784-89380-345-0

デゴイチ＝正 嘉昭／ときめきよろめきフォトグラフ＝斉藤俊雄／涙はいらねえよ。＝泰 比左子+前川康平／迷い猫預かってます。＝志野英乃／DIARY～夢の中へ～＝新海貴子／けいどろ＝上原知明／チキチキ☆チキンハート＝山崎伊知郎

8 家族って、なに 9784-89380-401-3

おもいでかぞく＝浅田七絵／あーたん・ばーたん＝松村俊哉／現代仕置人―消えてもらいます＝新海貴子／開拓村のかあさんへ＝高橋ひろし／彫刻の森へ＝照屋 洋／マイ・ペンフレンド＝伊藤あいりす・いとう やすお／なずなとあかり＝高橋よしの

9 夢―ファンタジー― 9784-89380-421-1

BON VOYAGE～良き船旅を～＝正 嘉昭／ストーンパワー＝照屋 洋／未完成＝森 澄枝／鬼平あらわる！＝神谷政洋／ベンチ＝福島康夫／PE! PE! PE! PENGUINS!!～2011～＝西川大貴／Alice～世界がアリスの夢だったら～＝西本綾子

10 絆―北から南から 9784-89380-433-4

銭函まで＝竹生 東・室 達志／Huckleberry friends＝志野英乃／ふるさと＝斉藤俊雄／グッジョブ！＝山﨑伊知郎／覚えてないで＝南 陽子／LAST LETTERS FROM MOMO＝松尾綾子／朗らかに～今、知覧に生きる～＝永田光明・田代 卓（補作）